李甯漢 鄭金順 編著

商務印書館

離島草藥10徑遊

編　　著：李甯漢　鄭金順
責任編輯：葉常青
地圖製作：萬里機構地圖組
封面設計：張　毅
出　　版：商務印書館（香港）有限公司
香港筲箕灣耀興道3號東滙廣場8樓
http://www.commercialpress.com.hk
印　　刷：美雅印刷製本有限公司
九龍官塘榮業街6號海濱工業大廈4樓A
版　　次：2004年7月第1版第1次印刷

ISBN 962 07 3162 X
Printed in Hong Kong

目錄

本書的草藥路徑分佈

本書地圖圖例

廁所	營地
亭子	護理員崗哨
山峰高程	漁排
郊野公園管理站	景點
巴士站/小巴站	中學
觀景台	醫院或診所
法定古蹟	鐵路
電話亭	擬建鐵路
停車場	地下鐵路
警崗	公路線
廟宇	家樂徑
告示板	草藥路徑
教堂	

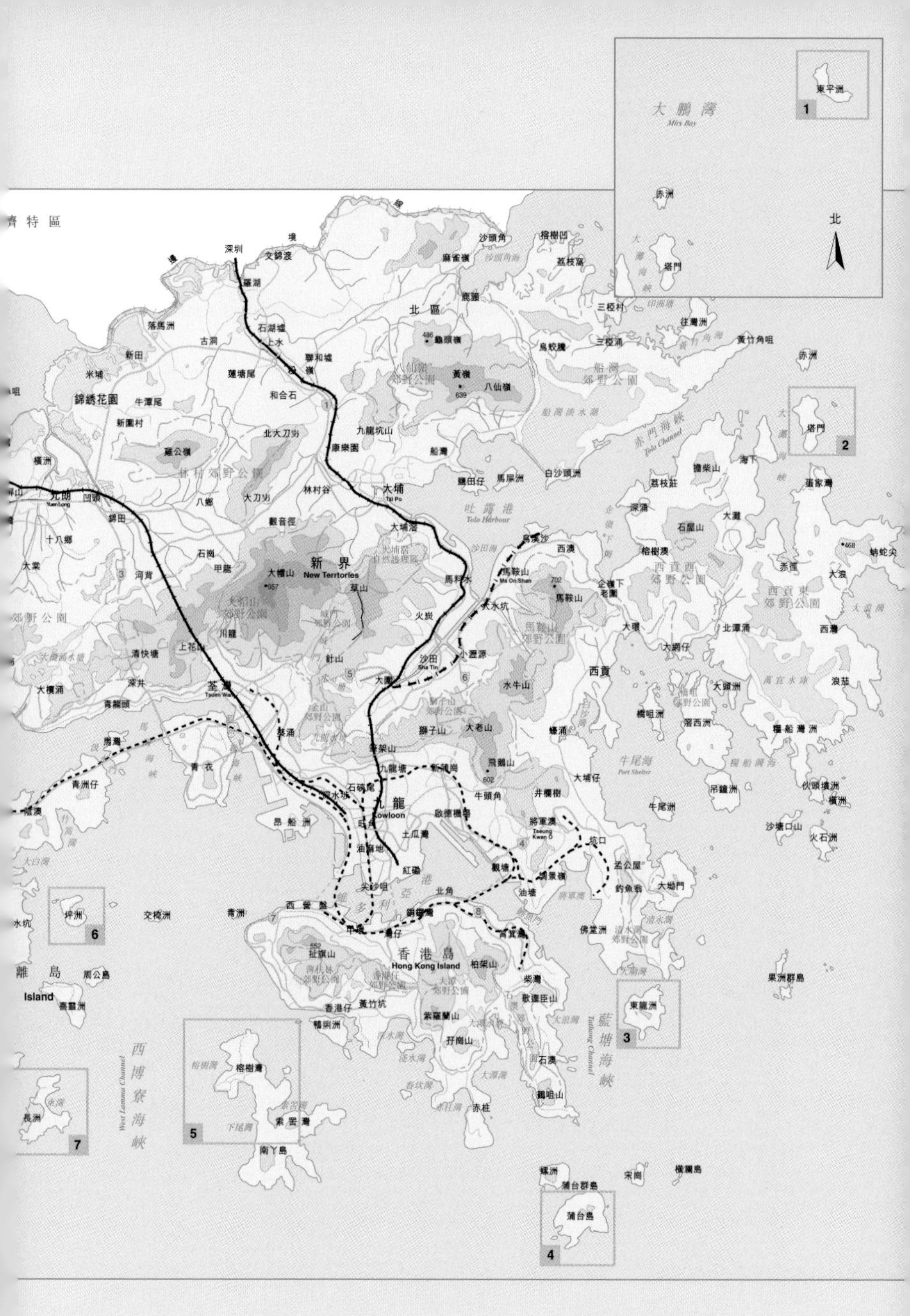

東平洲
大鵬灣
Mirs Bay
赤洲
北
塔門
齊特區
深圳
文錦渡
羅湖
落馬洲
石湖墟
上水
古洞
新田
米埔
聯和墟
粉嶺
蓮塘尾
和合石
錦綉花園
牛潭尾
新圍村
雞公嶺
北大刀屻
林村郊野公園
元朗
Yuen Long
凹頭
錦田
八鄉
大刀屻
林村谷
十八鄉
大棠
石崗
甲龍
觀音徑
大帽山
新界
New Territories
大帽山郊野公園
河背
川龍
上花山
清快塘
深井
大欖涌
青龍頭
荃灣
Tsuen Wan
馬灣
青衣
青洲仔
葵涌
沙頭角
榕樹凹
麻雀嶺
荔枝窩
鹿頸
北區
三椏村
往灣洲
鶴藪嶺
烏蛟騰
三椏涌
黃竹角咀
赤洲
黃嶺
八仙嶺
八仙嶺郊野公園
船灣郊野公園
船灣淡水湖
九龍坑山
康樂園
船灣
赤門海峽
Tolo Channel
塔門
大埔
Tai Po
鹽田仔
馬屎洲
白沙頭洲
吐露港
Tolo Harbour
大埔滘
擔柴山
荔枝莊
深涌
石屋山
大灘
烏溪沙
西澳
榕樹澳
赤徑
大浪
蚺蛇尖
馬鞍山
Ma On Shan
馬鞍山
企嶺下老圍
西貢西郊野公園
西貢東郊野公園
草山
馬料水
火炭
大水坑
大環
北潭涌
西灣
沙田
Sha Tin
小瀝源
大網仔
西貢
針山
大圍
水牛山
大頭洲
浪茄
橋咀洲
滘西洲
糧船灣洲
獅子山
大老山
蠔涌
飛鵝山
牛尾海
Port Shelter
九龍塘
新蒲崗
石硤尾
大埔仔
井欄樹
牛頭角
吊鐘洲
伙頭墳洲
橫洲
牛尾洲
九龍
Kowloon
啟德機場
將軍澳
Tseung Kwan O
坑口
沙塘口山
火石洲
昂船洲
深水埗
旺角
土瓜灣
油麻地
紅磡
觀塘
孟公屋
調景嶺
大坳門
尖沙咀
北角
油塘
釣魚翁
西營盤
維多利亞港
銅鑼灣
筲箕灣
佛堂洲
清水灣郊野公園
坪洲
交椅洲
青洲
上環
灣仔
扯旗山
香港島
Hong Kong Island
柏架山
離島
Island
周公島
喜靈洲
柴灣
歌連臣角山
東龍洲
果洲群島
香港仔
黃竹坑
鴨脷洲
紫羅蘭山
西博寮海峽
West Lamma Channel
榕樹灣
孖崗山
藍塘海峽
Tathong Channel
石澳
長洲
鶴咀山
索罟灣
赤柱
南丫島
蒲台群島
宋崗
橫瀾島
蒲台島

植物常識知多點

喬　木	高大的樹木，有明顯的主幹。
灌　木	比較矮小的樹木，分枝較多，主幹不明顯。
木質藤本	莖長，木質較硬，本身不能直立，多匍匐地面或攀援、纏繞他物上升的植物。
草質藤本	莖長而細小，草質，較柔軟，不能直立，攀援或纏繞他物生長。
草　本	一般草類，木質較少，含水分多，莖葉柔軟。
一年生	當年開花，結果後即乾枯死亡的植物。
二年生	當年只生根、莖、葉等營養器，第二年開花結果以後乾枯死亡的植物。
多年生	生活兩年以上的草本植物或木本植物。有的其地上部分可死去，但其地下部分仍能生活多年。
根	是植物的主要營養器官之一。有吸收養料、水分和固定的作用。
莖	是植物下接根部、上承枝葉的部分，起支持和輸導作用。
葉	是植物製造養料(光合作用)和蒸發水分的主要器官。
花	是種子植物的生殖器官。典型的花由花托、花被(花萼和花冠)、雌蕊群、雄蕊群等組成。
果	是由受精後的雌蕊發育而成的。胚珠發育為種子，子房形成果實。

根

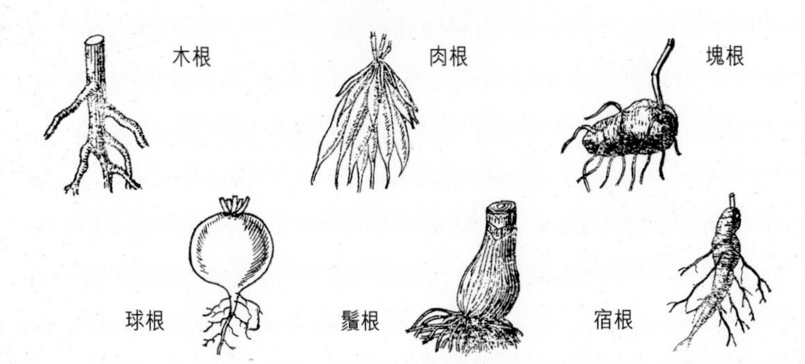

莖

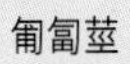

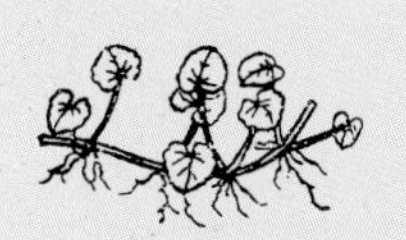

纏繞莖

攀援莖

平臥莖

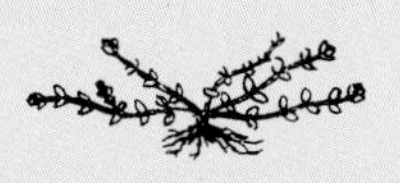

根狀莖

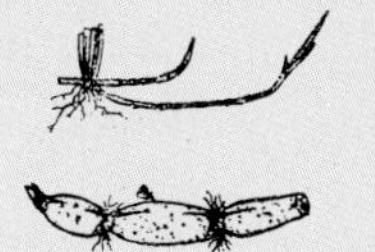

塊莖

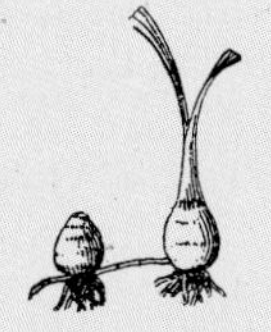

鱗莖

葉

葉片的各部分名稱

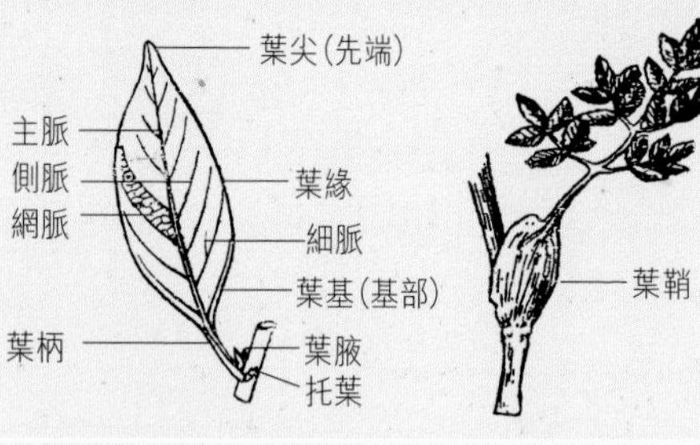

常見的葉片形狀

倒卵形

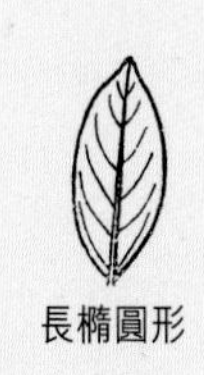
長橢圓形

披針形

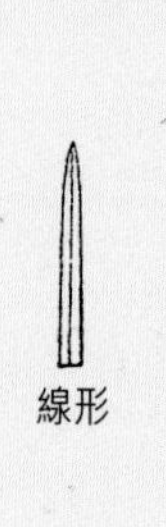
線形

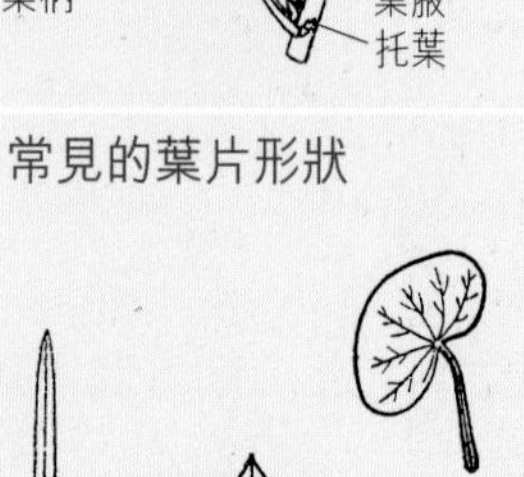
腎形

心臟形

矩圓形

卵形

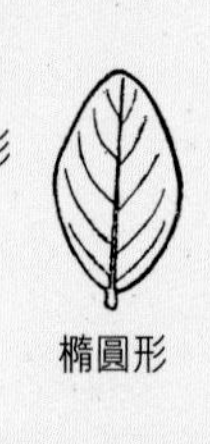
橢圓形

針形

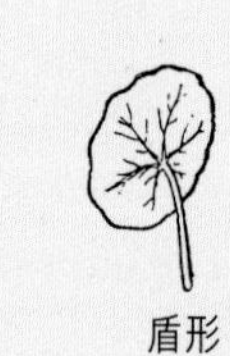
盾形

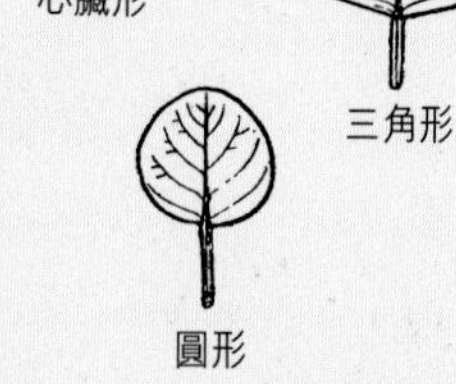
圓形

三角形

戟形

常見的葉尖形狀

鈍狀

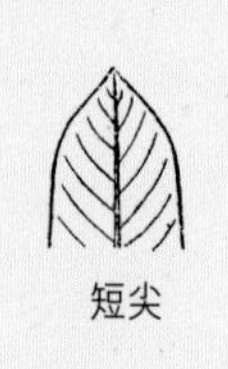
短尖

漸尖

急尖

微凹

渾圓

常見的葉基形狀

圓形

鈍形

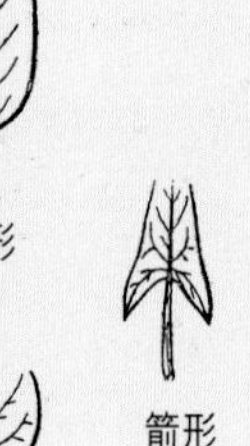
箭形

心臟形

楔形

斜形

常見的葉緣形狀

全緣

鋸齒狀

波狀

淺裂狀

深裂狀

鈍齒狀

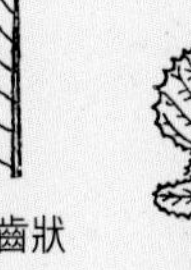

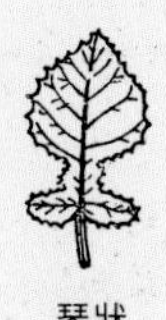

琴狀

常見的葉脈形狀

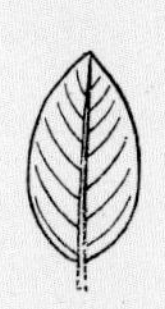

羽狀脈

掌狀脈

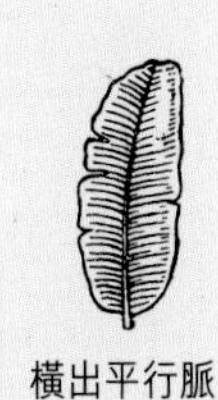

橫出平行脈

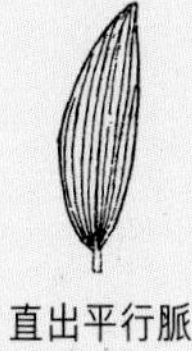

直出平行脈

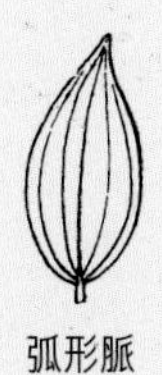

弧形脈

葉的着生形狀

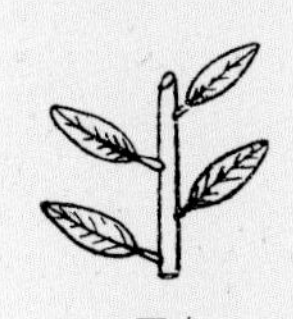

互生

對生

輪生

簇生

常見的複葉形狀

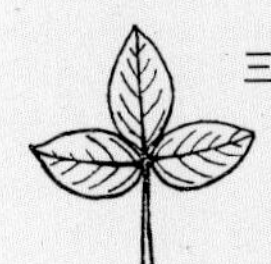

三出複葉

掌狀複葉

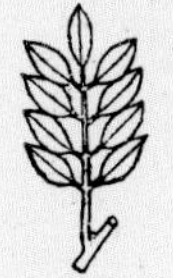

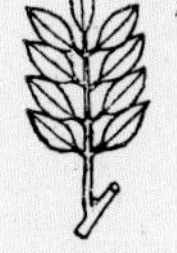

奇數羽狀複葉

偶數羽狀複葉

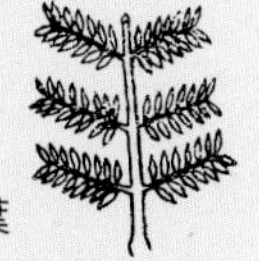

二回羽狀複葉

三回羽狀複葉

花

花的各部分名稱

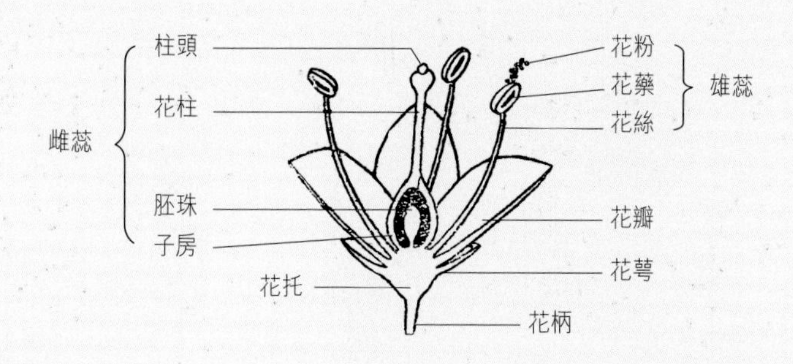

花冠的各種形狀

常見的花序形狀

總狀花序

傘形花序

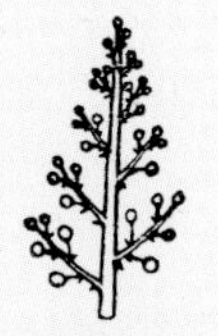

圓錐花序

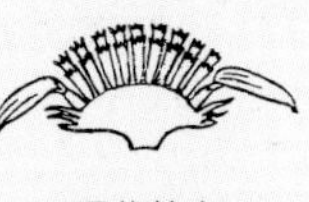

頭狀花序

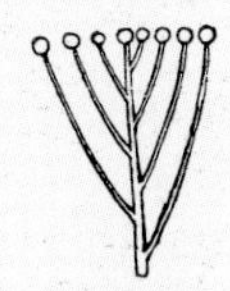

傘房花序

穗狀花序

複傘形花序

聚傘花序

肉穗花序

單花

果

常見的果實形狀

核果

漿果

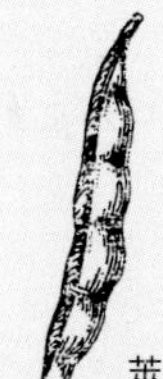

莢果

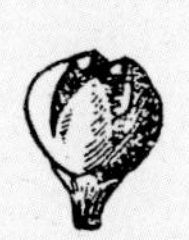

蒴果

瘦果

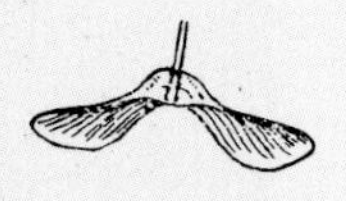

翅果

離果

堅果

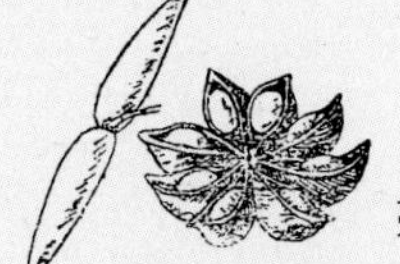

蓇突果

聚合果

離島常見草藥 20 種

以下介紹的 20 種草藥，是離島路徑常見草藥的一部分。這些草藥多生長在海灘；海邊泥沙混合的地方；臨海低海拔山坡；又或由村民栽種於沿海村邊。但因草藥的四季形態不同，生長的地方亦各異，未必在單一區域或路線內能夠盡見，因此讀者要經常郊遊，多加留意，才能增加對它們的認識。

艷山薑 Alpinia zerumbet (Pers.) Burtt et Smith

- 生於山谷或海邊。
- 薑科山薑屬多年生常綠草本，高 2 － 3 米。
- 披針形，長 30 － 60 厘米，頂端有一旋捲的小尖頭。
- 圓錐花序頂生，下垂，花冠乳白色，頂端粉紅色，唇瓣黃色帶有紫紅色條紋。花期三月。
- 蒴果球形，有稜，熟時橙紅色。

採　　集　藥用種子。七、八月採收。

性味功能　味辛、澀，性溫。健胃，除痰。

主　　治　胃痛，腹脹，痰濕積滯，消化不良，嘔吐腹瀉。

孿花菊 Wollastonia biflora (L.) DC.

- 生於海邊亂石間。
- 菊科雙頭菊屬的直立草本。
- 基部有蔓延匍匐莖；直立莖頗粗壯，高 1.5 米。
- 互生，有鋸齒，兩面有糙伏毛；基出 3 脈，網脈明顯。下部葉基圓形，上部葉基楔形。
- 頭狀花序，黃色；舌狀花一層，舌片頂 2 齒。花期四至六月。
- 瘦果倒卵形頂截平。

生長環境　形態　根　莖　葉　花　果

採　　集　藥用全草，全年可採。

性味功能　味淡、微澀，性涼。

主　　治　風濕關節痛，跌打損傷，瘡瘍腫毒。

春花木 Rhaphiolepis indica (L.) Lindl.

生於山坡、路邊灌木叢中。

薔薇科車輪梅屬常綠灌木。

幼枝被褐色絨毛，後脫落。

互生，革質，厚而光亮，葉卵形或披針形，葉緣有小鋸齒。

圓錐花序或總狀花序頂生，花白色帶粉紅，直徑約 1 厘米。花期三月。

梨果球形，紫黑色，可食。

採　　集　藥用根、葉。全年可採。

性味功能　味微苦，性涼。消腫解毒。

主　　治　跌打損傷，關節炎。外用治潰瘍紅腫，瘡癤，骨髓炎。

老鼠簕 Acanthus ilicifolius Linn.

生於沙灘潮濕之地。

爵床科有刺灌木，高約1米。

圓柱形，光滑，淡綠色。

對生，質硬，矩圓形，邊緣有深波狀帶刺的齒，基部有刺。

唇形，淡藍色穗狀花序頂生，花萼裂片 4，上唇退化，下唇長約 3 厘米。

蒴果橢圓形，種子扁平圓腎形。

採　　集　藥用根，全年可採。

性味功能　味微苦，性微寒。祛瘀散結。

主　　治　急慢性肝炎，肝脾腫大，淋巴結腫大，胃痛，哮喘，癌症。

蔓荊子 Vitex rotundifolia L.f.

生於海濱、沙灘邊。

馬鞭草科牡荊屬灌木，枝條平臥，常節上生根。

單葉對生，倒卵形，有柄，全緣，葉背密被灰白短絨毛。

圓錐花序生枝頂，花冠淡紫色，花期七月。

核果球形，有腺點。

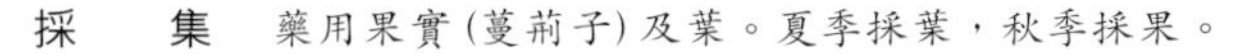

採　　集　藥用果實(蔓荊子)及葉。夏季採葉，秋季採果。

性味功能　味苦、辛，性涼。疏散風熱，清利頭目，鎮靜，止痛。

主　　治　果實：感冒頭痛，偏正頭痛，目赤腫痛，夜盲，肌肉神經痛。
鮮葉：搗敷跌打損傷。

龍珠果 Passiflora foetida L.

路旁、山坡灌木叢中。

西番蓮科西番蓮屬草質藤本。

被柔毛。

互生，長 6 － 10 厘米，常 3 分裂，基部心形，葉片被毛。

單生葉腋，苞片多回分裂呈毛狀，花直徑約 5 厘米，淺紫白色。花期九月。

肉質漿果，可食。

採　　集　藥用全草、果實。夏秋採集。

性味功能　味甘、微苦，性涼。全草：清熱解毒。果實：潤肺，止痛。

主　　治　肺熱咳嗽，痰火核，浮腫，癰瘡腫毒，疥瘡，爛腳。

仙人掌 Opuntia Stricta var. dillenii (Ker-Gaw.) L.D.Benson

生於海濱沙灘。

仙人掌科肉質植物，灌木狀。

老莖下部稍圓柱形，其餘均掌狀扁平，長 15 — 20 厘米，寬 4 — 10 厘米，散生小瘤體，簇生鋭刺。

退化成鱗片狀，生於刺束下。

黃色，單生或數朵聚生於頂。

漿果肉質梨形，熟時紫紅色。

採　　集　藥用根莖，四季可採。

性味功能　味苦，性涼。清熱解毒，散瘀消腫，健胃，止痛，鎮咳。

主　　治　胃、十二指腸潰瘍，急性痢疾，咳嗽。外用治流行性腮腺炎，乳腺炎，癤瘡癰腫，蛇傷，燒燙傷。

落地生根 Bryophyllum pinnatum (L.) Oken

生於山坡、路邊草地。

景天科落地生根屬肉質草本。

有圓齒，葉片脱落泥土表面時，齒間易生根發芽，長出新植株。葉對生，橢圓形。

紅色，生於枝頂，排成圓錐花序，下垂，花的下部是圓筒狀花萼，上部是花冠，高腳碟狀，裂片 4。花期冬、春。

採　　集　藥用全草，全年可採。

性味功能　味淡、微酸，性寒。解毒，消腫，止血，生肌。

主　　治　癰瘡腫毒，乳腺炎，扁桃體炎，中耳炎，咳血，吐血，外傷出血，跌打損傷，骨折，燒、燙傷。

馬鞍藤 Ipomoea pes-caprae (L.) Sweet

生於海邊沙地。

旋花科番薯屬多年生草本。

枝條長，伏地而生，紅紫色，節上生不定根，有乳汁。

互生，柄長，寬橢圓形，質厚，頂端凹陷，形如馬鞍。

腋生，花梗長，漏斗狀，紫紅色，頂端 5 裂。花期夏、秋。

結卵圓形蒴果，4 瓣裂。

採　　集　藥用全草，全年可採。

性味功能　味辛、微苦，性溫。祛風濕，拔毒，消腫。

主　　治　風濕關節痛，腰肌勞損，癰瘡癤腫，痔瘡下血。孕婦忌服。

黃　槿 Hibiscus tiliaceus L.

生於海邊，或栽培作防潮樹。

錦葵科木槿屬的常綠灌木或小喬木，樹皮灰白色。

互生，革質，近圓形，葉頂端急尖，葉基心形。

常由數花組成聚傘花序，萼片 5，基部合生，花冠黃色。花期六至七月。

蒴果卵圓形，5 瓣裂，果瓣木質，種子多數，表面平滑。

採　　集　藥用葉、樹皮和花。四季可採。

性味功能　味甘、淡，性微寒。清熱解毒，止咳。

主　　治　支氣管炎咳嗽，發熱，木薯中毒。外用治瘡癤腫毒。

馬甲子 Paliurus ramosissimus (Lour.) Poir.

生於山地、海旁，或作籬笆。

鼠李科銅錢樹屬灌木，高 2 － 3 米，小枝具刺，幼枝密生鏽色短毛。

互生，卵形，邊緣有細齒，基生 3 出脈，具短葉柄。

小型聚傘花序生於葉腋，花細小，黃綠色，花期五至八月。

核果盤狀，直徑約 1.5 厘米，密生短毛，周圍有木栓質狹翅。

採　　集　藥用根、葉。全年採根，夏、秋採葉。

性味功能　味苦，性平。清熱解毒，祛風止痛。

主　　治　感冒發熱，咽喉痛，牙痛，風濕關節痛，胃痛，痔瘡下血，跌打損傷。外用治癰瘡腫毒。

雀梅藤 Sageretia thea (Osbeek) Johnst.

生於山坡路旁。

鼠李科雀梅藤屬攀援灌木。

嫩莖褐色，生短柔毛，有刺。

互生或近對生，革質，卵形至卵狀橢圓形，葉緣有細鋸齒。

疏散的穗狀圓錐花序頂生或腋生，長 2 － 5 厘米，花瓣 5。花期九及十月。

核果近圓球形，直徑約 5 毫米，紫黑色，味酸可食。

採　　集　藥用全株或根，全年可採。

性味功能　全株：味微苦、澀，性涼。清熱，消炎。根：降氣化痰。

主　　治　全株：感冒，發熱，頭痛，口腔炎，咽喉腫痛，鼻衄，瘡癧腫毒。根：咳嗽，氣喘，胃痛，肝炎，鶴膝風。

九里香 *Murraya paniculata* (L.) Jack.

生於山坡疏林中，亦有栽培。

芸香科九里香屬灌木或喬木，高 3 － 8米，分枝多。

羽狀複葉，有小葉 3 － 9 片，互生，卵形至近菱形，全緣，葉面深綠色有光澤。

生葉腋或頂生，極香，花瓣 5，有透明腺點。花期夏季。

紡錘形或欖形。

採　　集　藥用根葉，四季可採。

性味功能　味辛、苦，性微溫。麻醉，鎮驚，解毒消腫，祛風活絡。

主　　治　跌打腫痛，風濕骨痛，胃痛，牙痛，流行性乙型腦炎，蛇蟲咬傷，濕疹，局部麻醉。

刺果蘇木 *Caesalpinia bionduc* (L.) Roxb.

生於海邊村莊荒地上。

豆科雲實屬藤本，常生於低海拔灌叢中，枝條及葉軸均被倒鈎刺。

互生，大型，為二回偶數羽狀複葉，小葉長 1.3 － 3 厘米，長橢圓形，葉端具細尖，兩面疏生黃色短柔毛。

總狀花序腋生，花黃色。花期約在九月。

結長 5 － 6 厘米的莢果，革質，外面密生針狀刺。

採　　集　藥用葉，夏季採集。

性味功能　味苦，性涼。清熱解毒，祛瘀止痛。

主　　治　急、慢性胃炎，胃潰瘍，癰瘡癤腫。

海杧果 Cerbera manghsa L.

生於海邊沙灘上或近海村邊。

夾竹桃科海杧果屬喬木。

樹皮灰褐色，有白色乳汁。

叢生於莖頂，橢圓形，倒卵狀矩圓形，近革質，葉基楔形。

白色，聚傘花序頂生，花冠高腳碟狀。花期四至五月。

闊卵形核果，果外部為木質纖維，成熟時橙黃色。

採　　集　藥用樹皮、葉、種子，全年可採，果實成熟時採，取出種子。

性味功能　味苦、澀，性涼。有大毒。

主　　治　樹皮、葉：用於催吐，瀉下。種子：外科膏藥，不可內服。

牡　荊 Vitex negundo var. cannabifolia (Sieb. et Zucc.) Hand.-Mazz.

生於山坡、路旁。

馬鞭草科落葉灌木，高 2 米。

枝四方形，嫩枝有灰色絨毛。

對生，掌狀複葉 3－5 片，寬披針形，邊緣有粗鋸齒，有香氣。

圓錐花序頂生，長 10 － 20 厘米，花冠淡紫色。

球形，黑色。

採　　集　藥用葉、果實和根莖。

性味功能　葉：味苦，性涼，清熱解表，化濕截瘧。果：味苦辛，性溫，止咳平喘，理氣止痛。根莖：味苦微辛，性平，清熱止咳。

主　　治　葉：感冒，瘧疾，腸炎，痢疾，泌尿道感染。外用治濕疹，皮炎。果實（牡荊子）：咳嗽哮喘，胃痛，消化不良，腸炎，痢疾。

苦蔄樹 Clerodendrum inerme (L.) Gaertn.

生於海邊沙灘、路邊。

馬鞭草科赬桐屬直立灌木，高 1 － 2米。

皮灰色，嫩枝黃灰色有柔毛。

近革質，對生，橢圓形至卵形，長 3 － 7 厘米，有小腺點。

花序生葉腋，花白色，有長花冠筒，雄蕊紫色。花期夏季。

小，倒卵形，熟時藍黑色。

採　　集　藥用根葉。全年可採。

性味功能　味苦，性寒，氣臭，有小毒。清熱解毒，散瘀活絡。

主　　治　風濕性關節炎，腰腿痛，感冒發熱，瘧疾，肝炎。葉外用治皮膚濕疹，疥癬，跌打腫痛。

木防己 Cocculus orbiculatus (Linn.) DC.

生於山坡、路旁。

防己科木防己屬纏繞藤本，長可達 3 米。莖木質化。

互生，紙質，葉片卵狀橢圓形，葉尖微凹並有小尖頭。

單性，雌雄異株，花瓣 6，雄蕊 6；雌花冠與雄花相似，有 6 枚退化雄蕊。五、六月開花。

細小核果，熟時藍黑色。

採　　集　藥用根，夏秋採挖。

性味功能　味苦、辛，性寒。祛風止痛，利水消腫，解毒。

主　　治　風濕關節痛，肋間神經痛，胃痛，腹痛，經痛，咽喉腫痛，腎炎水腫，尿路感染。外用治癰癤腫毒，毒蛇咬傷。

露兜簕 Pandanus tectorius Soland.

生於海邊地區。

露兜樹科露兜樹屬多年生有刺灌木，高約 2 米。幹分枝，常生氣根。

帶狀，革質，叢生於枝頂，葉邊與下面中脈有銳刺，葉片長可達 1.5 米。

花期夏天。

結頭狀聚花果，酷似菠蘿，故又名假菠蘿。

採　　集　藥用根、果、果核。根全年可採，果冬季採收。

性味功能　味甘、淡，性涼。發汗解表，清熱解毒，利尿。

主　　治　根：感冒發熱，腎炎水腫，尿路感染、結石，肝炎，肝硬化腹水，眼結膜炎。果：痢疾，咳嗽。果核：睪丸炎，痔瘡。

千里光 Senecio scandens Buch. -Ham.

喜生於山坡、林邊、灌叢中。

菊科多年生草本。

曲折，攀援，稍呈之字形上升，長 2 － 5 米，多分枝。

互生，葉片長三角形，長約 6 － 12 厘米，頂端長漸尖。

黃色，直徑約 1 厘米，排列成複總狀的傘房花序。花期秋冬。

瘦果圓柱形，冠毛白色。

採　　集　藥用全草，全年可採。

性味功能　味苦辛，性涼。清熱解毒，涼血消腫，清肝明目。

主　　治　上呼吸道感染，扁桃體炎，咽喉炎，肺炎，闌尾炎，痢疾，腸炎，痔瘡，急性淋巴管炎，丹毒，癤腫，濕疹，過敏性皮炎。

路徑 1

東平洲

Tung Ping Chau

位置	新界東北方
交通	從大學火車站步行至馬料水碼頭，再乘船到東平洲。船程約 1.5 小時
全長	6.5 公里
步行時間	4 小時
難度	中
適合遠足時間	全年
注意事項	1. 多利用行山徑，以減少破壞岩石的機會 2. 切勿挖掘或翻起地上或海岸的沙泥、碎石或石塊 3. 切勿捕捉或騷擾海洋生物
注意景點	岩石建的村屋、天后宮、更樓石、鶴岩頂、龍落水、斬頸洲

東平洲
Tung Ping Chau
北
白鱲灣
Pak Lap Wan
洲尾角
Chau Mei Kok
貓公洞
崖角
Ngai Kok
洲尾
Chau Mei
北塘
Pak Tong
長沙灣
Cheung Sha Wan
斬頸洲
Cham Keng Chau
歐公山
Au Kung Shan
平洲海
Ping Chau Hoi
大塘灣
Tai Tong Wan
陳屋
Chan Uk
大塘
Tai Tong
李屋
Lei Uk
鄒屋
Tsau Uk
碼頭 Pier
王爺角
Wong Ye Kok
船灣（擴建部分）郊野公園
Plover Cove (Extension) Country Park
七步不同源
（水井）
亞媽灣
A Ma Wan
南塘
Nam Tong
燈塔
林屋
Lam Uk
亞媽咀
A Ma Tsui
媽角咀
Ma Kok Tsui
龍麟咀
輋腳下
Che Keuk Ha
譚大仙廟
蔡屋
Tsoi Uk
沙頭
Sha Tau
天后宮
Tin Hau Temple
奶頭
Nai Tau
龍落水
海螺洞
騎樓石
更樓石
洲頭
Chau Tau
難過水
二岩
洲背
Chau Pui
鶴岩頂
48
Hok Ngam Teng
頭岩
鶴岩
0 100 200 300 400 500（米）

東平洲路線圖

東平洲是香港境內最東的離島，島上以層層疊疊的獨特岩石著名，這些岩石形成多種不同的地貌，吸引不少遊人前來觀賞。島附近的水域海洋生物種類豐富，是香港的四個海岸公園之一。

特色村屋、更樓奇石

東平洲古稱平洲，因地勢平坦而得名。遊人上岸後可從左方出發，沿小路穿越叢林，不久即抵達沙頭村。那裡看似平平無奇的村屋，原來大部分用島上的岩石建成，粗獷樸拙，甚具特色。在上世紀四十年代，島上曾住有幾千人，但現在只剩下幾位村民居住，有些村民則在假日回來經營小店及旅舍，遊人可以住進這些別具風味的岩石旅舍。

經過沙頭村天后宮後可走進石灘。遊人可一邊漫步，一邊欣賞亞媽咀岸邊如千層糕般的岩石。沿岸往前走約五分鐘便可抵達更樓石，由於它比周圍的岩石高，像村民用作監察山賊的更樓，故有此名。不少遊人都喜歡在此拍照，足見它的魅力！

經過更樓石，向右穿越仙人掌叢即可走回遠足徑。前行約五分鐘，便到達全島最高的鶴岩頂。再往前走約十五分鐘，便遇見一分岔路口。如無預備午餐的遊人，可往右轉，經過全島最大的蓄水池和譚大仙廟，返回沙頭村的小店用膳。否則遊人不應右轉，宜往前直走約十五分鐘，經過一段樹蔭路，便可到達龍落水。

更樓石

岩石風光

遠望斬頸洲

龍落水是指一段長百多米，厚約1米的多色岩層，岩層邊緣呈三角形猶如龍背，彷彿巨龍奔騰入海。由於龍落水的岩層的抗侵蝕力較強，而附近岩石則相對較脆弱而被侵蝕剝落，年深日久的侵蝕下，突顯了這條巨龍的風采。

看過巨龍，遊人可折返岸邊山徑，或沿岸灘往前走約半小時，就來到到另一獨特的景點——斬頸洲，看看那邊的山咀截然斷開，好像有人用利斧生生把它砍斷似的。這裡的風較大，遊人走倦了可在此乘涼休息，十分舒服。由於東平洲是海岸公園，不是所有的地方也可以釣魚，斬頸洲以北的位置，是島上可供遊人釣魚的地點之一。

海岸生物

除了特色的岩石，東平洲另一吸引之處是多姿多彩的海岸生物，只要細看岸邊岩石表面和水窪，就有機會找到不少有趣的螺、藤壺、貽貝、蝦、蟹、魚，甚至海膽、海參、海蛞蝓和海葵等。近岸一帶水域還有珊瑚，繽紛的珊瑚魚暢游其中。因此常吸引不少遊人到東平洲觀賞海洋生物。

欣賞過如斯優美風光，遊人可沿着岸邊經洲尾角，漫步沙灘，返回碼頭。沿途有不少教育展板也值得細看。如倦了，亦可沿岸邊的山路經警崗走到小店休息，等候乘船回程。

鬱 金

Curcuma aromatica Salisb.

這路段10種草藥中，以鬱金較為人熟悉，特設定為重點搜尋目標。它是治胸脅胃腹脹痛的要藥。日常所見的都是經加工後的藥材(小圖)，原來它的原貌就是這樣的(大圖)。您能找到它嗎？

栽培或野生於肥厚疏鬆泥土中。

薑科薑黃屬多年生草本。

根狀莖肥大，深黃色。

葉片矩圓形，長 30 － 60 厘米，有細尖尾，下面被短柔毛。

花葶由根狀莖抽出，穗狀花序圓柱形，長約 15 厘米，花冠管內被毛，裂片白色而帶粉紅，唇瓣黃色。花期四至五月。

採　　集　藥用根狀莖。秋冬季植株枯萎時採挖。

性味功能　味辛、苦，性寒。行氣解鬱，涼血破瘀，利膽退黃。

主　　治　胸悶脅痛，胃腹脹痛，血熱的吐血、衄血、尿血，傳染性肝炎，黃疸，月經不調，痛經，癲癇。

生長環境　形態　根　莖　葉　花　果

鬱金

鬱金（藥材）

東平洲是著名的旅遊區，其更樓石、龍落水、斬頸洲等景點膾炙人口。這裡生長的多是沿海草藥。其中最常見有寬筋藤和石岩楓。寬筋藤莖有皮孔，葉被毛，果實紅彤彤，它的莖有舒筋活絡的功效，是治療風濕背痛的常用藥。石岩楓全株及果實密被黃色星狀毛，其他地方很少見。

這條路徑還有別的草藥，您試試能找到多少？

楮　樹 Broussonetia papyrifera (L.) Vent.

生於村邊、山坡路旁或栽培。

桑科構樹屬灌木或小喬木。

互生，寬卵形，長 7 － 20 厘米，不分裂或 3 － 5 不規則深裂，葉緣有齒，兩面被毛。

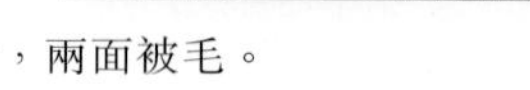

單性，雌雄異株，雄花序葇荑狀，雌花序頭狀。花期五月。

聚花果球形，肉質，紅色。

採　　集　藥用全株。夏秋間採果實和葉，其餘部分全年可採。

性味功能　果實：味甘，性寒；補腎，強筋骨，健脾，利尿，明目。葉：味甘，性涼；止瀉，止血。皮：利尿，消腫。乳汁：殺蟲止癢。

主　　治　果實：腰膝無力，陽痿，眼矇，水腫。葉：腸炎，痢疾，鼻衄，吐血。皮：水腫，筋骨酸痛。乳汁：癬，濕疹，蜂螫，蟲傷。

麥　冬 Liriope spicata (Thunb.) Lour.

生於山坡疏林下潮濕處。

百合科土麥冬屬多年生草本。

稍粗，分枝多，近末端處膨大成紡錘形小塊根。

基生成叢，葉條形，長可達 25 － 60 厘米，有平行脈。

花序直立，高達 25 － 65 厘米，花淡藍色。花期八月。

成串生，細小，圓形。

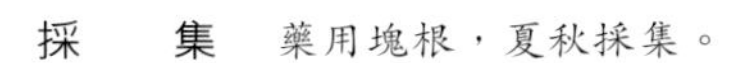

採　　集　藥用塊根，夏秋採集。

性味功能　味甘、微苦，性微寒。養陰生津，潤肺止咳。

主　　治　肺結核，慢性支氣管炎，慢性咽炎的陰虛乾咳，熱病傷津，心煩，口渴，咽乾，便秘。

天　冬 Asparagus cochinchinensis (Lour.) Merr.

生於陰濕的林邊或灌木叢中。

百合科天門冬屬攀援草本。

有多條紡錘形根，粗 2 厘米。

長達 1 － 2 米，基部有短硬刺，分枝上刺較短或不明顯。

(實為葉狀枝條) 3 枚一簇，扁平條狀，略為彎曲。

細小淡綠色的花生腋間，雌雄異株。花期四月。

漿果細小，球形，熟時紅色。

採　　集　藥用塊根。秋冬採集。

性味功能　味甘、苦，性寒。清熱，潤肺，養陰，生津。

主　　治　肺結核，支氣管炎，燥咳，咽乾，口渴，白喉，百日咳，乾燥性鼻炎，糖尿病，乳癌。外用治瘡瘍腫毒、蛇咬傷。

牽牛子 Pharbitis nil (L.) Choisy

生於村邊、路旁灌木叢中。

旋花科牽牛屬纏繞草本。全株被粗硬毛。

互生，常3裂，基部心形。

總花梗腋生，有漏斗狀花數朵，花白或藍紫色。花期七月。

蒴果球形，5 － 6 枚種子，黑色或土黃色。

採　　集　藥用種子。秋季果實成熟而果殼未裂開時採收。

性味功能　味苦，性寒。有小毒。瀉下，利尿，消腫，驅蟲。

主　　治　腎炎水腫，肝硬化腹水，便秘，蛔蟲，絛蟲。孕婦忌服。

白花丹 Plumbago zeylanica Linn.

生於陰濕溝邊或路旁曠地。

藍雪科半灌木，高 1 － 3 米。

圓柱形，常有縱稜。

互生，卵狀披針形，長 4 － 10 厘米，基部寬楔形，全緣或微波形，葉柄基部抱莖。

高腳碟形，白色，頂生或腋生的穗狀花序，萼管有黏毛。

蒴果膜質，蓋裂。

採　　集　藥用根葉，全年可採。

性味功能　味苦，性微溫，有毒。祛風止痛，散瘀消腫。

主　　治　根：風濕骨痛，跌打腫痛，胃痛。葉：跌打腫痛，體癬。

茅瓜 Solena amplexicaulis (Lam.) Gandhi

生於低山坡地、林邊草叢中。

葫蘆科馬㼎兒屬草質藤本。

柔弱。捲鬚不分叉。

互生，由不裂至 3 或 5 裂。

花小，雄花生於花序，雌花單生，花冠黃色。花期夏季。

卵圓形，長 2 － 5 厘米。

採　　集　藥用塊根或全草。夏季採莖葉，秋季採根。

性味功能　味甘、苦，性涼。清熱利尿，消腫散結。

主　　治　咽喉腫痛，腮腺炎，急性結膜炎，尿道感染，睾丸炎，風濕熱痛，紅斑狼瘡。外用治瘡瘍腫毒、濕疹、燙傷、淋巴腺結核。

匙羹藤 Gymnema sylvestre (Retz.) Schult.

生於山坡、灌木叢中。

蘿藦科匙羹藤屬木質藤本，長 2 － 4 米。植株具乳汁。

莖皮有皮孔，嫩枝被微毛。

對生，有短柄，倒卵形，葉柄頂端有叢腺體。

聚傘形花序細小，生於葉腋，花小，綠白色。花期夏季。

羊角狀蓇葖果，種子有絹毛。

採　　集　藥用根或全株，全年可採。

性味功能　味苦，性平。清熱解毒，消腫止痛。

主　　治　癰瘡腫毒，乳腺炎，多發性膿腫，深部膿腫，風濕關節痛，毒蛇咬傷。孕婦慎用。外用治槍彈傷。

寬筋藤 Tinospora sinensis (Lour.) Merr.

生於小灌木叢或疏林下。

防己科木質藤本。

嫩枝有毛，老枝褐色有皮孔。

互生，紙質，卵狀心形，長 7 － 12 厘米，頂端急尖，基出脈 5 － 7 條，被茸毛，葉柄長。

單性異株，淡黃色，排成腋生總狀花序。花期春季。

核果橢圓形，長約 1 厘米。

採　　集　藥用藤莖，全年可採。

性味功能　味苦，性涼。舒筋活絡，祛風止痛。

主　　治　風濕性關節炎，坐骨神經痛，跌打損傷。

石岩楓 Mallotus repandus (Willd.) Muell.-Arg.

生於路旁灌木叢中。

大戟科灌木，有時藤本狀，長可達 10 米。全體密被黃色星狀毛。

互生，有長柄，葉片三角卵形或卵形，先端漸尖，基部圓，截平成心形，全緣，兩面被毛。

春夏間開黃綠色小花，雌雄異株，雄花成穗狀總狀花序，腋生，雄蕊多數；雌花序頂或腋生。

採　　集　藥用根、莖及葉。全年可採。

性味功能　味微辛，性温。祛風活絡，舒筋止痛。

主　　治　風濕性關節炎，腰腿痛，產後風癱。外用鮮品搗敷跌打患處。

草藥記事簿

遊覽日期：　　　　　天氣：　　　　　往返時間：

	一路上您找到甚麼草藥呢？在這裡打個 ✓吧！	哪種草藥正在開花？ 在這裡畫顆＊吧！	哪種草藥在結果子？在這裡畫個○吧！
鬱金 搜尋目標			
楮樹			
麥冬			
天冬			
牽牛子			
白花丹			
茅瓜			
匙羹藤			
寬筋藤			
石岩楓			

哪種草藥的花最漂亮？ 哪種的果最特別？試在下面的空位畫出來。

路徑 2 塔門

Tap Mun

位置	新界東北方
交通	1. 從大學火車站步行至馬料水碼頭，再乘船到塔門，船程約 1 小時 20 分鐘 2. 從鑽石山巴士總站乘 96R 到黃石碼頭，再乘船到塔門，船程約 30 分鐘 3. 從西貢巴士總站乘 94 到黃石碼頭，再乘船到塔門，船程約 30 分鐘
全長	4 公里
步行時間	3 小時
難度	易
適合遠足時間	全年
注意事項	由於茅平山附近的路徑不明顯，遊人遊覽此地後宜循原路折返，以免迷路
注意景點	榕樹村、漁民新村、呂字疊石、觀日亭、茅平山、上圍、中圍、下圍、海旁街、漁排

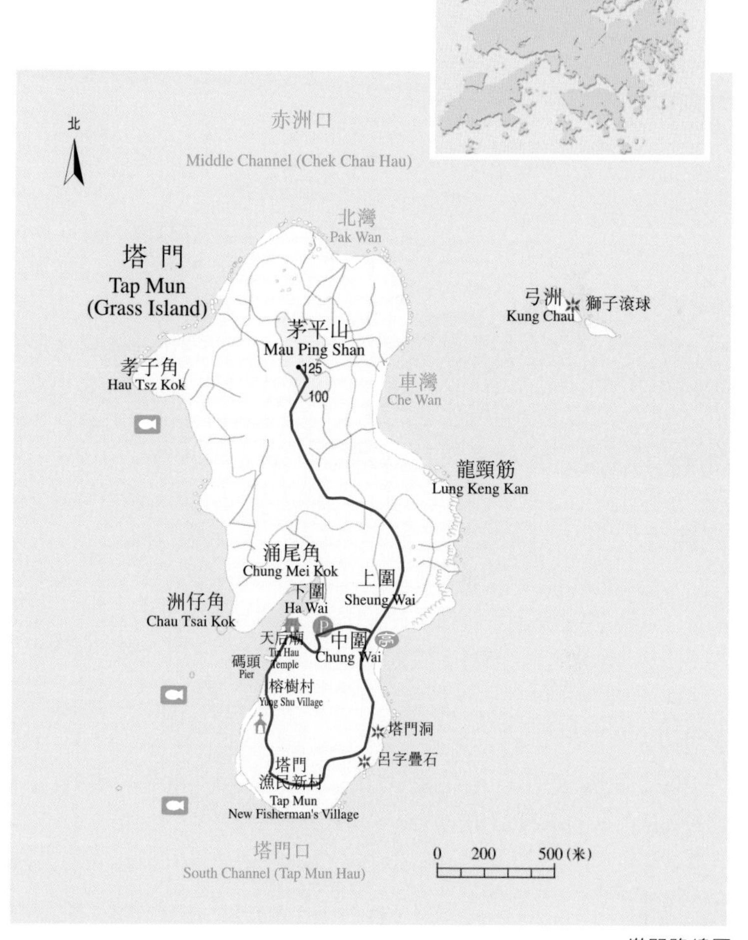

北
赤洲口
Middle Channel (Chek Chau Hau)
北灣
Pak Wan
塔 門
Tap Mun
(Grass Island)
弓洲
Kung Chau
獅子滾球
茅平山
Mau Ping Shan
125
100
孝子角
Hau Tsz Kok
車灣
Che Wan
龍頸筋
Lung Keng Kan
涌尾角
Chung Mei Kok
上圍
Sheung Wai
下圍
Ha Wai
洲仔角
Chau Tsai Kok
天后廟
Tin Hau Temple
中圍
Chung Wai
亭
碼頭
Pier
榕樹村
Yung Shu Village
塔門洞
呂字疊石
塔門
漁民新村
Tap Mun
New Fisherman's Village
塔門口
South Channel (Tap Mun Hau)
0 200 500 (米)

塔門路線圖

塔門位於香港東北面，古稱佛塔門。據說因島上東南面有巨石疊起，有如佛塔，而附近的海蝕洞洞口如門，合稱塔門。島上綠草遍野，適合扶老攜幼暢遊野餐，探訪古舊村屋。

漁村與漁排

漁村風情

當船慢慢停泊碼頭時，就會被塔門的漁村風情吸引，那裡停泊很多小漁艇，兩旁建有不少養魚的漁排。現時香港的漁排已逐漸荒廢，不少更改建為釣魚場，更顯得塔門漁排的可貴。下船後，遊人可站在碼頭欣賞兩旁的村屋，左邊人字瓦頂的村屋早在明代已有人居住；右邊則是新建的平頂房子。一新一舊，相映成趣。

上岸後，遊人可從右邊拾級而上，不久即遇到一分岔路，遊人應轉右前行。先經過榕樹村再到塔門漁民新村。這兩條村的村民原都是住在船上的水上人，後來才上岸建屋，偶然也會見到他們在空地整理漁具和海產。

優美的大草坪

離開漁民新村不久，即相繼見到兩個分岔路，遊人應先左轉，然後再往右轉往水泥台階。沿台階拾級而上，經過一段墓地後，就來到一片寬廣碧綠的草坪。大草坪是塔門最吸引之處，因此塔門又稱為 Grass Island，最適合露營和野餐。不過在紮營時，要小心地上的牛糞。以前村民除捕魚和養魚外，亦以耕種為生。棄耕之後，黃牛便放生野外，漸漸繁衍眾多，糞也自然一樣多。不過牛糞提供了很好的養分給青草，青草長大後回饋黃牛，足見大自然的奇妙！

呂字疊石

遠眺呂字疊石

在草坪休息過後，遊人可沿水泥路往前走，就可看到岸邊有不少大石塊，其中有兩塊四四方方的整齊地疊起來，正是著名的呂字疊石，如從北面回望，疊石就極像呂字。它的形成主要是雨水和海水沿岩石之間的節理侵蝕，而節理旁邊的碎石又被海浪沖走，最後剩下兩塊較大的核心石疊在一起，石與石之間靠摩擦力平衡，形成危石，因此其英文名為Balanced Rock（平衡石），倒也十分貼切！

迷人小石灘

從疊石開始沿小路往前走約十分鐘再遇一分岔路，遊人宜按路牌指示右轉到小石灘，那裡的石塊被海浪磨蝕成渾圓的鵝卵石，在大浪推撞之下，石塊碰撞得鏗鏘有聲，十分動聽，在夜深人靜之際尤其清晰可聞。

欣賞過石灘後，可折返分岔路，按路牌指示前往觀日亭。遊人可在亭內一邊聽着浪聲和石聲，一邊南望西貢的蚺蛇尖美景，一邊吃着午餐，享受假日閒情！

在觀日亭休息後，遊人可沿亭側的水泥路，經球場和電話機樓後往右轉入小泥路。沿小泥路走約半小時便抵達塔門的最高處——茅平山。但是泥路較崎嶇難行，宜小心注意。來到茅平山頂，可西望孝子角、西貢的棺材角和灣仔半島，東望弓洲。從這裡俯瞰塔門，觸目盡是草坪和矮灌木叢。由於部分路徑被灌木叢遮蔽，遊人宜循原路折返下山，下山後再沿水泥路入村，返回碼頭回程。

蒼耳子

Xanthium sibiricum Patrin.

這路段 10 種草藥中，以蒼耳子較為人熟悉，特設定為重點搜尋目標。它是治傷風流涕、急慢性鼻炎的要藥。日常所見的都是經加工後的藥材（小圖），原來它的原貌就是這樣的（大圖）。您能找到它嗎？

多生於村邊、荒地。

菊科一年生草本，高約 1 米。

有明顯的縱稜，有毛。

互生，心形或三角狀卵形，邊緣有不規則的齒裂，基出三脈，兩面被貼生的糙伏毛。

雄花為球形頭狀花序，密生柔毛，雌花為橢圓形頭狀花序。

倒卵形，綠色或黃色，有小鈎刺。

採　集　藥用果實（蒼耳子）、全草。全草夏秋採，果實秋冬採。

性味功能　味苦、辛、甘，性温，有小毒。發汗通竅，消炎鎮痛。

主　治　蒼耳子：感冒頭痛，急、慢性鼻竇炎，瘧疾，風濕性關節炎。蒼耳草：子宮出血，深部膿腫，麻瘋，皮膚濕疹。

生長環境　形態　根　莖　葉　花　果

蒼耳子

蒼耳子（藥材）

塔門的路徑可看見不少生於草坡和灌木林的草藥，例如天香爐和牛耳楓等。此外，在村邊也可找到村民栽種的草藥，例如在牆上生長着一種攀援植物薜荔，果實似陀螺，熟時紫色，有補腎固精的功效。它與無花果同屬桑科植物，都有隱頭花序，外表看似無花，實際花生長在花序托中。它的種子含很多黏液，磨爛後可製成薜荔涼粉吃。

這條路徑還有別的草藥，您試試能找到多少？

三加皮 *Elentherococcus trifoliatus* (L.) S. Y. Hu

生於山坡、路旁或灌木叢中。

五加科五加屬的攀援狀灌木。

被疏刺，呈鈎狀向下。

互生，掌狀三出複葉，邊緣有細鋸齒，中間的小葉片最大，長 4 － 10 厘米，橢圓狀卵形。

黃綠色，頂生傘形花序。花期八到十月。

細小，扁球形，熟時黑色。

採　　集　藥用根、葉。全年採根，夏秋採葉。

性味功能　味苦、澀，性涼。清熱解毒，祛風除濕，散瘀止痛。

主　　治　感冒發熱骨痛，風濕關節痛，腰腿痛，胃痛，腸炎，黃疸，膽囊炎，膽石症，白帶，尿路結石，外治跌打損傷，瘡癤，濕疹。

薜　荔 Ficus pumila L.

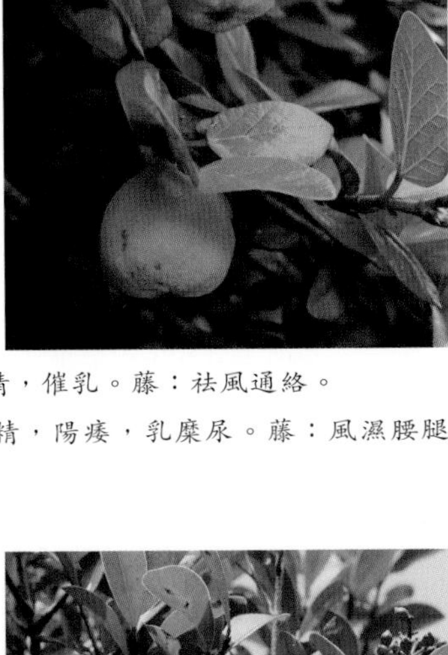

攀援牆壁、樹幹而生。

桑科攀援或匍匐灌木，幼時以不定根攀援於牆壁或樹上。

互生，葉小而薄，心狀卵形，長約 2.5 厘米，花序托的枝上葉較大而近革質，卵狀橢圓形，長 4 － 10 厘米。

花序托有短梗，單生於葉腋。夏秋開花。

梨形或倒卵形，長約 5 厘米。

採　　集　藥用果和藤。枝葉全年可採，果實夏秋採。

性味功能　味甘，性平。果：補腎固精，催乳。藤：祛風通絡。

主　　治　果：乳汁不通，閉經，遺精，陽痿，乳糜尿。藤：風濕腰腿痛，關節炎，跌打傷患。

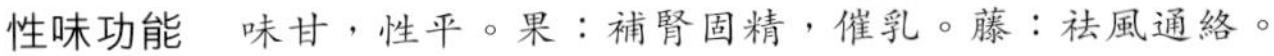

珊瑚樹 Viburnum odoratissimum Ker-Gawl.

生於路邊灌木叢中。

忍冬科莢蒾屬常綠灌木。

革質，橢圓狀矩圓形，全緣或具不規則淺波狀鈍齒側脈 4 － 5 對，在葉底面隆起。

圓錐花序，腋生，花芳香，花冠白色，輻狀。花期四月。

核果卵狀矩圓形，幼時紅，成熟時黑。核有一深腹溝。

採　　集　藥用樹皮、根、葉。全年可採。

性味功能　味辛，性温。清熱，活絡。

主　　治　感冒，風濕，跌打腫痛，骨折。葉外用治跌打損傷。

火殃簕 Euphorbia antiquorum L.

多為栽培，亦有野生。

大戟科大戟屬灌木，高 1 － 3 米，托葉刺狀，堅硬。

枝圓柱形，有不明顯的 3 － 6 稜，小枝肉質。

生枝條上部，倒卵形至匙形，長 4 － 6 厘米。

小，花序杯狀。花期三、四月。

平滑無毛。

採　　集　藥用莖，全年可採。

性味功能　味苦，性寒。有毒。莖：消腫，拔毒，止瀉。

主　　治　急性胃腸炎，瘧疾。外用治癰瘡腫毒，皮癬。

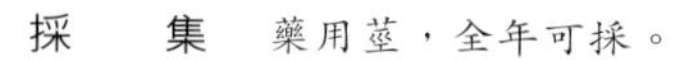

牛耳楓 Daphniphyllum calycinum Benth.

生於山坡、路旁的灌木叢中。

交讓木科交讓木屬常綠灌木。

互生，革質，橢圓形，長 10 － 15 厘米，基部寬楔形，全緣。

小，生葉腋，不同株，雌雄花被均萼狀。花期四至七月。

結卵圓形小果，外被白粉。

採　　集　藥用根、葉。全年可採。

性味功能　味辛、苦，性涼。清熱解毒，活血舒筋。

主　　治　感冒發熱，扁桃體炎，風濕關節痛，跌打腫痛，骨折，毒蛇咬傷，瘡瘍腫毒。

匍匐九節 Psychotria serpens Linn.

生於山谷或疏林中，常以氣根攀援於樹上或石上。

茜草科九節屬藤本，長數米。

對生，紙質，卵形或卵狀長圓形，全緣，長 2 － 6 厘米。

聚傘花序頂生，花多而小，白色。花期秋季。

白色核果近球形，直徑 4 － 6 毫米，有明顯的縱稜。

採　　集　藥用全株，全年可採。

性味功能　味澀微甘，性微溫。祛風止痛，舒筋活絡。

主　　治　風濕性關節炎，四肢酸痛，腰肌勞損。孕婦忌服。

煙　草 Nicotiana tabacum L.

多為栽培。

茄科煙草屬多年生草本，栽培為一年生，高 0.7 － 1.5 米。

粗壯，直立，多腺毛。

互生，長 10 － 30 厘米，矩圓形，全緣，葉基漸狹半抱莖。

圓錐花序頂生，花冠長管狀，淡紅色或白色。花期八月。

蒴果卵球形，熟後 2 瓣裂。

採　　集　藥用全草，夏秋季採集。

性味功能　辛，溫。有毒。解毒，消腫，殺蟲。

主　　治　瘡毒，濕疹，頭癬，白癬，足癬，腰痛，關節疼痛，扭挫傷，外傷出血，蛇、犬咬傷。

野茄樹 *Solanum erianthum* D.Don

多生於村邊、曠地。

茄科灌木至小喬木，全株均有灰白色粉狀毛。

葉厚，全緣或略波狀，葉背蒼白色，密被柔毛，形似煙葉，葉長 10 － 19 厘米，葉柄粗壯。

白色，複聚傘花序頂生或側生，花直徑約 1.5 厘米，萼鐘狀。花期夏秋。

漿果球狀，初生絨毛後脱落。

採　　集　藥用根、葉。

性味功能　味苦辛，性微温，有小毒。解毒，止痛，收斂。

主　　治　根：胃痛，腹痛，跌打損傷，慢性粒細胞性白血病。葉：癰癧腫毒，皮膚潰瘍，外傷出血。

天香爐 *Osbeckia chinensis* Linn.

生於山地草叢中。

野牡丹科草本，高 30 厘米。

直立，四稜形，有緊貼粗毛。

對生，條形至披針形，兩面有粗毛，主脈 3 － 5，葉柄短。

頭狀花序頂生，花 2 － 10 朵，花兩性，淡紫色，花瓣 4。

蒴果罐狀，似小香爐，故名。種子多數，馬蹄形彎曲。

採　　集　藥用全草，夏秋採集。

性味功能　味淡，性平。清熱利濕，消腫解毒，止咳化痰。

主　　治　細菌性痢疾，腸炎，闌尾炎，感冒咳嗽，咽喉腫痛，小兒支氣管哮喘，肺結核咯血，毒蛇咬傷，疔瘡癤腫。

草藥記事簿

遊覽日期：　　　　　　　天氣：　　　　　往返時間：

	一路上您找到甚麼草藥呢？在這裡打個 ✓！	哪種草藥正在開花？ 在這裡畫顆＊吧！	哪種草藥在結果子？在這裡畫個○吧！
蒼耳子 搜尋目標			
三加皮			
薜荔			
珊瑚樹			
火殃簕			
牛耳楓			
匍匐九節			
煙草			
野茄樹			
天香爐			

哪種草藥的花最漂亮？ 哪種的果最特別？試在下面的空位畫出來。

路徑 3

東龍洲

Tung Lung Chau

位置	香港島東方
交通	1. 從西灣河地鐵站步行 5 分鐘至西灣河碼頭，再乘船到東龍洲，船程約 30 分鐘 2. 從油塘地鐵站 A2 出口，沿茶果嶺道前行，再轉入崇信街，到三家村渡輪碼頭，步程約10 — 15 分鐘，再轉乘街渡到東龍洲。船程約 30 分鐘
全長	4 公里
步行時間	3 小時
難度	中
適合遠足時間	全年
注意事項	1. 石刻外的岩岸浪大、地面濕滑，宜小心 2. 島上較多懸崖，需小心，不宜走近岸邊
注意景點	石刻、炮台

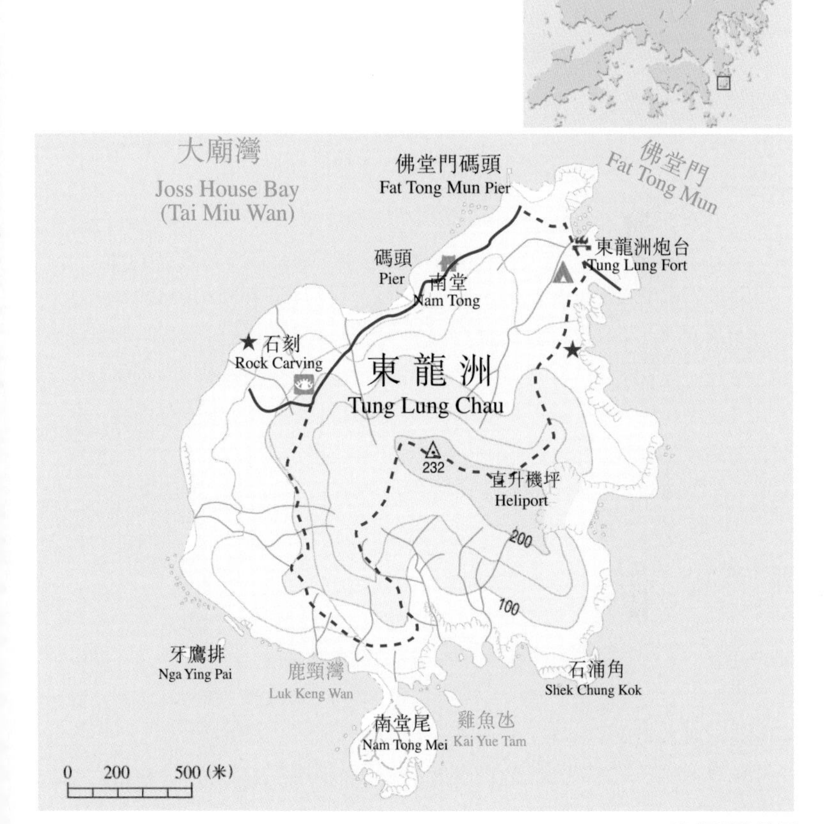
大廟灣
Joss House Bay
(Tai Miu Wan)
佛堂門碼頭
Fat Tong Mun Pier
佛堂門
Fat Tong Mun
東龍洲炮台
Tung Lung Fort
碼頭
Pier
南堂
Nam Tong
石刻
Rock Carving
東龍洲
Tung Lung Chau
232
直升機坪
Heliport
200
100
牙鷹排
Nga Ying Pai
鹿頸灣
Luk Keng Wan
石涌角
Shek Chung Kok
南堂尾
Nam Tong Mei
雞魚氹
Kai Yue Tam
0 200 500 (米)

東龍洲路線圖

東龍洲亦名東龍島，舊稱南佛堂，據説因那裡的海蝕洞甚多，曾稱為通窿洲，後才改為東龍洲。這裡以驚濤駭浪聞名，還有納入香港法定古蹟的炮台和石刻，更設有營地和燒烤場，是闔家老少在假日賞巨浪觀古蹟的最佳旅遊點。

治蜂螫法門

上岸後，我們是先向右邊（南方）行，參觀石刻。

到郊外經常會被毒蟲咬螫，給筆者最深刻印象的一次是在東龍洲。有一年我們在東龍洲碼頭穿過民居，準備前往參觀石刻，忽然有幾個小孩被蜜蜂螫得面青唇白，渾身發抖。那時一位老婦立即拿出蜜糖調水給小孩喝，據知有解毒作用。據經驗者云，遇有蜂螫不應逃跑，更不宜打死牠，因蜜蜂會追人及召來蜂群報復。因此遇蜂者應該盡量蹲伏，用布蒙頭來保護頭部。我們遠足時會隨身攜帶"南通蛇藥片"備用，遇有蜂螫或被毒蟲咬傷，先吞服四至八片，然後取幾片用口嚼爛，外敷傷口周圍，有解毒止痛的作用。

龍紋石刻

從碼頭向石刻方向步行約半小時，便見一個水泥平台，遊人可在這裡稍事休息。平台前端有台階蜿蜒而下，遊人可拾級走到石岸邊，欣賞香港境內最大的古石刻。透過玻璃屏細看，上面的文字龍飛鳳舞，莫測高深！在這裡也可欣賞大海滾滾波濤，嶙峋礁石。

看過石刻後返回平台。這時遊人可選兩條不同的路線，到達炮台附近的臨海營地。第一條是左轉循原路返碼頭，再向左邊（北方）前往炮台。沿路右邊是青翠的山坡，左邊是碧海，風光佳美，道路平緩易走。慢行約四十分鐘，便看見一片臨海的大營地。

遊人如欲挑戰自己的體力，可走第二條路：右轉沿水泥路向鹿頭灣方向走，約半小時便見一分岔路，遊人應左轉上山，走約半小時便到山頂的導

航站。在這裡可遠眺島四面優美的山水景色。隨後遊人可沿導航站左旁的泥路前行，不久便見一下山路徑。下山的路上盡是密林，路徑較崎嶇，宜小心慢行。約半小時便可走出密林，再前行數分鐘，在分岔路往左走，即到達臨海營地。

營地是東龍洲最熱鬧的地方，遊人在這裡燒烤、放風箏、露營和攀石，可謂各適其適。

佛堂門

古舊炮台

從營地向東面走，不久可到達一座荒廢的炮台和營房，還有小博物館介紹炮台歷史。據記載，該炮台建於清朝康熙年間，共有炮台八門和營房十五所，作為防禦海盜之用，鎮守佛堂門水域。現時炮台已列為香港法定古蹟，值得細賞。

驚濤拍岸

在炮台位置，遊人還可以清楚欣賞到佛堂門的巨浪。佛堂門就是東龍洲與北方清水灣佛堂角之間的海峽，是船隻出入香港的重要航道。由於東龍洲西面是大廟灣，東面是茫茫大海，這條航道相形之下就較為狹窄，因此流經的海水容易翻波成巨浪。滾滾波濤沖擊着岸邊的岩石，濺起雪白的浪花，彷佛巨龍吐珠，正是蘇東坡《赤壁懷古》裡“亂石穿空，驚濤拍岸，捲起千堆雪”的真實寫照。

欣賞過古蹟與浪濤後，遊人可折返營地。從碼頭方向來營地的遊人，可循原路折返碼頭；而經過山頂的導航站下山到達營地的遊人，可向營地的東方走，循小路走約四十分鐘，返回碼頭回程。

驚濤拍岸

高良薑

Alpinia officinarium Hance

這路段 10 種草藥中，以高良薑較為人熟悉，特設定為重點搜尋目標。它是治胃寒脹痛的要藥。日常所見的都是經加工後的藥材 (小圖)，原來它的原貌就是這樣的 (大圖)。您能找到它嗎？

生於山坡灌木叢中，或栽培。

薑科山薑屬多年生草本。

根狀莖圓柱形橫走，棕紅或紫紅色。地上莖叢生，直立。

2 列，狹線狀披針形，長 20 — 30 厘米。葉舌長可達 3 厘米。

總狀花序頂生，花冠漏斗狀，3 裂，唇瓣頂端微捲，有紫紅色紋。花期夏季。

蒴果球形，熟時橘紅色。

採　　集　藥用根狀莖。夏末秋初挖取四至六年生的根狀莖。

性味功能　味辛，性溫。溫中散寒，健胃止痛。

主　　治　胃脘寒痛，嘔吐反胃，食滯，胃、十二指腸潰瘍病，慢性胃炎，急性胃腸炎，外用治汗斑。

生長環境　形態　根　莖　葉　花　果

高良薑

高良薑(藥材)

在東龍洲的路徑，一般都能找到一些適合沿岸山坡生長的植物。其中以布狗尾最有特色，它的無限花序會不斷長出一朵朵粉紅色的蝶形花，長長的像狐狸尾巴，故又名狐狸尾。還有兩面針，葉的兩面長滿針刺，很易辨識；它金黃色的根叫入地金牛，是製造兩面針牙膏的重要成分。

這條路徑還有別的草藥，您試試能找到多少？

海芋 Alocasia macrorrhiza (L.) Schott

- 生於疏林下或村邊的陰濕地。
- 天南星科海芋屬多年生常綠草本，高可達 3－5 米。
- 粗壯，圓柱形，皮黑褐色。
- 生莖頂，闊卵形，長 30－90 厘米，基部心狀，葉柄抱莖。
- 肉質花序，佛焰苞黃綠色，下部筒狀，上部呈舟形，內藏小花。花期四至六月。
- 漿果生花序上，熟時淡紅色。

採　　集　藥用根狀莖，全年可採，加工時宜戴膠手套，以免中毒。

性味功能　味辛、澀，性寒。有毒。清熱解毒，消腫散結。

主　　治　流行性感冒，肺結核，腸傷寒，蟲、蛇咬傷，瘡瘍腫毒。

蚌　花 Tradescentia spathacea Sw.

- 多為栽培，生於潮濕沃土。
- 鴨跖草科紫萬年青屬草本。
- 直立，粗肥而短，不分枝。
- 互生而緊貼，葉劍形或帶狀。頂端尖，上面綠色，背紫色。
- 白色花序腋生，苞片蜂殼狀，淡紫色。花期夏季。
- 蒴果小，開裂。

採　　集　藥用花、葉，全年可採。

性味功能　味甘淡，性涼。清熱潤肺，化痰止咳，涼血止痢。

主　　治　急、慢性支氣管炎，百日咳，淋巴結核，鼻衄，菌痢，便血。

兩面針 Zanthoxylum nitidum (Roxb.) DC.

- 生於山野坡地灌木叢中。
- 芸香科花椒屬木質藤本，根皮黃色，枝葉有刺。
- 單數羽狀複葉，3 － 11 片，葉兩面有刺，革質，卵形至卵狀矩圓形，邊微有波狀疏齒。
- 花序腋生，花 4 數，小花白色。花期三至四月。
- 小球形，紫紅色，4 瓣開裂。

採　　集　藥用根、根皮、莖皮。全年可採。

性味功能　味苦、辛，性平。有小毒。麻醉止痛，解毒消腫。

主　　治　風濕骨痛，跌打腫痛，腰肌勞損，胃痛，牙痛，咽喉腫痛，毒蛇咬傷，癰腫，皮炎。

金花草 Stenoloma chusanum (L.) Ching

生於林下陰濕處。

鱗始蕨科烏蕨屬植物。

根狀莖橫走，密生針狀鱗片。

近革質，葉柄長，葉片 4 回羽狀細裂，末回裂片闊楔形，截頭或圓截頭。孢子囊群位於末回裂片頂部。

採集 藥用全草，全年可採。

性味功能 味苦，性寒。清熱解毒，利濕消腫。

主治 流感，咳嗽，急性結膜炎，扁桃體炎，肝炎，腸炎，痢疾，食物中毒，農藥中毒，燙火傷，皮膚濕疹。

華南雲實 Caesalpinia crista Linn.

生於山地、樹林中。

豆科雲實屬藤本。

有倒鈎，嫩莖被紅棕色絨毛。

2 回羽狀複羽，羽片 4 － 10 塊，小葉革質，長橢圓形。

圓錐花序頂生或腋生，萼筒闊倒圓錐形，花瓣 5，黃色。花期三至四月。

莢果棕黑色，闊短圓形，偏斜，果身扁，長 3.5 － 4 厘米。

採集 藥用根為主，秋冬採挖。

性味功能 味甘、淡，性微寒。清熱利尿，祛風濕。種子：止咳。

主治 熱淋 (尿道感染)，風濕痹痛。外用治外傷腫痛，瘡癤。

狗肝菜 Dicliptera chinensis (L.) Nees

生於村邊及水溝邊陰濕處。

爵床科狗肝菜屬一或二年生草本，高 30 － 80 厘米，節常膨大。

對生，卵狀橢圓形，有柄。

生枝頂或葉腋，花序有兩枚苞片，橢圓形，長約 1 厘米，當中生 1 小花，花冠淡紫紅色，2 唇形。花期八至十二月。

結蒴果。

採　　集　藥用全草，全年可採。

性味功能　味甘、淡，性涼。清熱解毒，涼血利尿。

主　　治　感冒高熱，斑疹發熱，流行性乙型腦炎，肺炎，急性闌尾炎，急性肝炎，眼結膜炎，腸炎，痢疾，風濕關節炎，小便不利。

布狗尾 Uraria crinita (L.) Desv. ex. DC.

生於山坡灌木叢邊或草叢中。

豆科蝶形花亞科兔尾草屬矮小亞灌木，高 1 － 1.5 米。

互生，有長柄和三角形托葉，羽狀複葉 3 － 7 片，近革質。

頂生，花序長約 30 厘米，遠看有如狐狸尾，花冠蝶形，紫紅色。花期夏季。

結莢果，隱藏於花萼內。

採　　集　藥用全草，夏秋採集。

性味功能　味淡，性涼。清熱，止血，殺蟲。

主　　治　感冒，咳嗽，絲蟲病，瘧疾，小兒疳積，吐血，咯血，尿血，刀傷出血。孕婦忌服。

海金沙藤 Lygodium japonicum (Thunb.) Sw.

生於山坡、林邊灌木叢中。

海金沙科海金沙屬蕨類植物，植株纏繞，長可達 4 米。

互生，紙質，分不育葉和能育葉二型，二回羽狀，小羽片一般三裂，孢子囊群生於能育葉背面小羽片邊緣。

採　　集　藥用全草。夏秋採集。孢子囊即中藥海金沙。

性味功能　味甘，性寒。清熱解毒，利尿通淋。

主　　治　尿路感染、結石，腎炎水腫，感冒發熱，流行性乙型腦炎，肝炎，腸炎，痢疾，腮腺炎，乳腺炎。

天星藤 Graphistemma pictum (Benth.) B.D. Jacks.

生於路邊灌木林中。

蘿藦科天星藤屬多年生木質右旋藤本，植株具豐富乳汁。

對生，矩圓形，葉漸尖，葉基圓形，托葉葉狀，脈紋明顯。

總狀式聚傘花序腋生，花冠外面綠色，內面深紫紅色，有黃色邊。花期六至七月。

似羊角形。種子有膜狀翅，頂端有傘狀白毛，長約 4 厘米。

採　　集　藥用全株，全年可採。

性味功能　味辛，性溫。催乳，活血。

主　　治　乳汁不足，喉痛，跌打損傷，骨折。

草藥記事簿

遊覽日期：　　　　　　天氣：　　　　　往返時間：

	一路上您找到甚麼草藥呢？在這裡打個✓！	哪種草藥正在開花？ 在這裡畫顆＊吧！	哪種草藥在結果子？在這裡畫個○吧！
高良薑 搜尋目標			
海芋			
蚌花			
兩面針			
金花草			
華南雲實			
狗肝菜			
布狗尾			
海金沙藤			
天星藤			

哪種草藥的花最漂亮？ 哪種的果最特別？試在下面的空位畫出來。

路徑 4

蒲台島

Po Toi Island

位置	香港島南方
交通	1 .從中環巴士總站，乘 6A 到赤柱聖士提反灣下車，步行幾分鐘到聖士提反灣碼頭，再乘船到蒲台島，船程約半小時 2. 從中環巴士總站，乘 6 或 6X 到赤柱市集下車，步行 5－10 分鐘到聖士提反灣碼頭，再乘船到蒲台島，船程約半小時 3. 從中環巴士總站，乘 70 到香港仔海濱公園站下車，然後到公園後面街渡躉頭乘船到蒲台島，船程約 1 小時 4. 從北角地鐵站步行 5 分鐘到北角碼頭，再乘船到蒲台島，船程約 1 小時 5. 從港九新界乘車往觀塘碼頭，再乘船到蒲台島，船程約 1 小時 15 分
全長	6 公里
步行時間	3.5 小時
難度	易
適合遠足時間	全年
注意事項	島上風大，宜帶備外衣
注意景點	巫氏古宅、棺材石、瀑布石、接吻石、靈龜上山石、僧人石、佛手岩、響螺石、天后宮

螺洲
Beaufort Island
(Lo Chau)
螺洲門 Lo Chau Mun
北
北流角
Pak Lau Kok
北流灣
Pak Lau Wan
細排
Sai Pai
北流仔
Pak Lau Tsai
東樓
Tung Lau
蒲台島
Po Toi Island
大排
Tai Pai
大排塘頂
Tai Pai Tong Teng
東頭頂
Tung Tau Teng
響巖
Heung Ngam
大排灣
Tai Pai Wan
粗漢沉思石
山寮
Shan Liu
流水坑
Lau Shui Hang
胎兒石
僧人望海椅
孔子石
接吻石
毛蟲石
大坑尾
Tai Hang Mei
瀑布石
牛湖頂
Ngau Wu Teng
企鵝石
棺材石
響螺石
天后宮
Tin Hau Temple
巫氏古宅
清水潭
東咀頂
Tung Tsui Teng
蒲台郊遊徑
狐狸穿洞
大灣
Tai Wan
碼頭
Pier
觀日亭
龍首石
超級大漏斗穴
墨洲門 Mat Chau Mun
大氹灣
Tai Tam Wan
大角頭
Tai Kok Tau
大板崖
墨洲
Mat Chau
摩崖石刻
散排
San Pai
昂裝
Ngong Chong
南氹灣
Nam Tam Wan
墨洲排
Mat Chau Pai
靈龜上山石
僧人石
佛手岩
0 100 200 300 400 500（米）
金龜昂首
燈塔
南角咀
Nam Kok Tsui
淘金崖

蒲台島路線圖

蒲台島是香港境內最南的一個離島，遠看像一個大浮台，而粵語“蒲”有浮的意思，因而得名。島上以奇形怪石著稱，值得在閒暇到此遊覽。

勇闖鬼屋

從碼頭左轉再拾級而上，在叻仔 B 士多轉右，沿着荒廢的蒲台學校旁邊的小徑上山，小徑旁有指示往巫氏古宅的路牌。小徑沿途樹木成蔭，慢行約二十分鐘，便可抵達人稱鬼屋的巫氏古宅。

據説從前一位巫姓商人致富後在島上建屋，後有賊人打算打劫和勒索，幸好巫氏一家外出，逃過一劫，自此巫氏便棄居大屋。日久失修之下，那裡只剩下頹垣敗瓦，到處雜草叢生，因此成為聞名的鬼屋。再加上附近有一條大長石形如棺材，更為古宅增添恐怖神秘之感。

奇石處處

參觀過鬼屋後，遊人繼續拾級而上，即可見到一片大面積的岩石路段。岩面有不少縱裂溝紋，形如瀑布，稱為“瀑布石”。在此回望，便可看到巫氏古宅和棺材石。看過瀑布石，遊人按指示往觀日亭方向上山，那裡的路段彎彎曲曲。約十分鐘後便遇到一分岔路，遊人應轉右走，不久就可見大石群，其中兩塊相對的大石，形如頭顱，就像一對正在接吻的情侶，稱為接吻石。

接吻石

經過接吻石不久又有一分岔路，遊人宜右轉直接往山頂觀日亭，在那裡稍作休息，感受涼風，鳥瞰全島的景色，然後可沿着長長的台階下山。下山時別忘了欣賞

島最南面的山岬景致，以及俯瞰台階盡處，一大片如農田似的草海桐。

靈龜上山

趣怪岩石

遊人來到台階盡處轉左，可順時針方向在山岬逛一圈。蒲台島上趣怪岩石甚多，較著名的多集中在這裡。遊人按着路牌指示，就會找到僧人石和相對的靈龜上山石。兩石附近的燈塔下，是欣賞海景的好地方，那裡一望無際，海濤一排排地前進。面對大海，頓覺自己的渺小！

經過燈塔往前走，便到達香港最南端的南角咀，它東面的懸崖是淘金崖，據説從前漁民在此採挖紫菜賺錢，故有此名。離開南角咀往前走約十分鐘，便可看到島上最著名的佛手岩。看過佛手岩，沿岩岸邊小徑繼續前走，約十分鐘又遇一分岔路，遊人可左轉，沿台階到岸邊參觀石刻。看過石刻後可折返分岔路，再向前走約十五分鐘便可返回碼頭。

純樸生活

蒲台島上的村民不多，他們多為了念舊情和寧靜而留在島上生活，閒來售賣海味乾貨如紫菜、昆布、相思茶、小魚乾、蝦乾、魷魚乾和螺乾。走累了，遊人不妨在碼頭附近休息，那裡有甜品店賣的糖水是用木柴煮的，風味十足。休息後，遊人可再從碼頭左邊出發，沿小路經過沙灘，約十五分鐘到達天后宮。宮的左邊是響螺石，維俏維妙值得一看。看過響螺石後，遊人可循原路折返，在天后宮的右邊沿路牌指示上山。這邊的路段較為崎嶇，宜小心行走。上山時別忘了欣賞趣怪的岩石，走約一小時便到達山寮。山寮附近的山澗是村民食水的主要來源，切勿污染。從山寮前行十數分鐘便有分岔路，遊人應沿右邊的小路下山，經長石排返回碼頭回程。

相思子

Abrus precatorius L.

這路段 10 種草藥中，以相思子較為人熟悉，特設定為重點搜尋目標。它的葉是當地土方涼茶的原料。日常所見的都是經加工後的藥材（小圖），原來它的原貌就是這樣的（大圖）。您能找到它嗎？

生於山間、路邊灌木叢中，近海荒地。

豆科相思子屬藤本。

互生，偶數羽狀複葉，小葉 8 － 15 對，長圓形或倒卵形，長 1 － 2 厘米，上面無毛，下面疏生平伏短粗毛，葉有甜味。

總狀花序腋生，蝶形花小，淡紫色，雄蕊 9 枚。花期八月。

莢果長橢圓形，密生短粗毛，種子橢圓形，三分之二鮮紅色，三分之一黑色，有光澤。

採　　集　藥用種子、根、藤、葉。春秋採根，夏秋採藤、葉，秋季採果。

性味功能　種子：味苦，有大毒（不能內服），殺蟲，拔毒排膿。根、藤、葉：味甘，性平，清熱解毒，利尿。

主　　治　種子：治癬，疥，癰，濕疹，外用適量。根、藤：咽喉腫痛，肝炎。葉：支氣管炎，並作涼茶配料。

生長環境　形態　根　莖　葉　花　果

相思子

相思子（藥材）

蒲台島路徑的初段經過民居，遊人可看見不少村民栽種的草藥。由於此島遠離市區，村民常用土產草藥治病，毛麝香便是其一，鮮品可用來治跌打腫痛，效果良好。而後半段路經過山坡叢林，那裡生長着白桂木和絨毛潤楠等植物。其中白桂木的果實，在夏季成熟，外形凹凸不平，大如乒乓球，味道酸甜可口。

這條路徑還有別的草藥，您試試能找到多少？

白桂木 Artocarpus hypargyreus Hance

- 生於山谷疏林或山溝旁。
- 桑科木菠蘿屬常綠喬木。樹皮深紫，高 5 － 10 米，有乳汁。
- 互生，革質，長 7 － 15 厘米，葉面光亮，葉底被白絨毛。
- 雌雄同株，密集於倒卵形或球形的花序托上，總花梗長 1 － 3 厘米。花期四至五月。
- 聚花果球形，熟時杏黃色。

採　　集　藥用果和根。秋季採果，全年採根。

性味功能　果：味甘、酸，性平；清熱，開胃，止咳，止血。根：味甘、淡，性溫；祛風濕，止痛。

主　　治　果：肺結核咳血，支氣管炎，鼻衄，吐血，胃酸缺乏，食慾不振，咽喉痛。根：風濕關節痛，腰膝酸軟，胃痛，黃疸。

寄生藤 Dendratrophe frutescens (Benth.) Danser

寄生於山野路旁灌木林中。

檀香科寄生藤屬直立或藤狀灌木，常寄生於地下莖或根上。

互生，近肉質，倒卵形或橢圓形，長 3 － 7 厘米，基部漸狹，基出 3 脈。

雌雄異株，雄花幾朵腋生，花被裂片 5 數，雌花單生葉腋。花期冬天。

核果卵形黃褐色，長 1 厘米。

採　　集　藥用全株，全年可採。

性味功能　味甘苦澀，性平。疏風解熱，消腫止痛。

主　　治　流行性感冒，跌打損傷。

苦　楝 Melia azedarach L.

多栽培於路邊或村旁。

楝科楝屬喬木，高 10 － 20 米。

樹皮有槽紋，嫩枝有皮孔。

互生，二或三回單數羽狀複葉，小葉卵形，邊緣有鋸齒。

花序生枝頂或腋生，淡紫色，花萼花瓣均 5 片。花期春季。

核果卵形或近球形，熟時黃色，味苦，有毒。

採　　集　藥用葉、根皮或樹皮。全年可採，以春末夏初為宜。

性味功能　味苦，性寒。有小毒。驅蟲。

主　　治　蛔蟲病，鈎蟲病，蟯蟲病。外用治頭癬，疥瘡，濕疹，水田皮炎，風疹，滴蟲性陰道炎。

華衛矛 Euonymus nitidus Benth.

生於山坡林邊。

衛矛科衛矛屬常綠灌木，高可達5米。

幼莖綠色，4稜。

對生，革質，橢圓，表面光亮，全緣或疏生小鋸齒。

聚傘花序1－2回分歧，花淡綠至黃綠色。花期五及六月。

蒴果倒卵狀球形，紅色，4瓣。種子有紅色假種皮。

採　　集　藥用全株，全年可採。

性味功能　微辛、澀，性平。舒筋活絡，強壯筋骨。

主　　治　風濕腰腿痛，跌打損傷，高血壓。

絨毛潤楠 Machilus velutina Champ. ex Benth.

生於山坡溪旁樹林中。

樟科潤楠屬喬木。枝、芽、葉、花序均被鏽色密絨毛。

互生，革質，狹倒卵形或卵狀矩圓形，葉脈於葉背凸起。

圓錐花序短，單獨或數個密生枝頂，花黃綠色。花期十一月。

球形，紫紅色，直徑4毫米。

採　　集　藥用根、葉，全年可採。

性味功能　味苦，性涼。化痰止咳，消腫止痛。

主　　治　支氣管炎。外用治燒燙傷，癰腫，外傷出血，骨折。

廣州槌果藤 Capparis cantoniensis Lour.

生於山坡路邊。

白花菜科山柑屬披散狀或攀援狀灌木，有托葉狀小刺。

互生，紙質，矩圓至矩圓狀卵形，側脈不明顯，柄有柔毛。

白色，直徑約 1 厘米，圓錐花序，花瓣 4，覆瓦狀排列，雄蕊 20。花期九至十月。

球形，肉質，表面平滑。

採　　集　藥用全株，全年可採。

性味功能　味辛、苦，性寒。舒筋活絡，清熱解毒。

主　　治　風濕痛，跌打損傷，咽喉痛，痔瘡。種子：咽喉痛，胃脘痛。

土蜜樹 Bridelia tomentosa Bl.

生於山坡、路旁灌木叢中。

大戟科土蜜樹屬直立灌木。

幼莖纖細，密被鏽色短柔毛。

互生，長橢圓形，葉底被密長柔毛，葉柄被密而短的鏽色柔毛。

細小，雌雄同株，數朵簇生於葉腋，花瓣 5。花期四月。

核果卵狀球形，長 5 － 7 毫米。

採　　集　藥用根皮、莖、葉。全年可採。

性味功能　味淡、微苦，性平。安神調經，清熱解毒。

主　　治　神經衰弱，精神分裂症，月經不調，犬咬傷。外用治瘡癤腫毒，跌打損傷，外傷出血。

毛麝香 Adenosma glutinosum (L.) Druce

生於山坡、疏林下陰濕處。

玄參科毛麝香屬直立草本，葉、莖、花均被短毛。

對生，卵形，邊緣有鈍鋸齒。

常腋生，具柄，花冠紫色，長約 2.5 厘米，2 唇形，上唇直立，下唇 3 裂。花期七月。

蒴果4瓣裂。

採　　集　藥用全草，夏秋採摘。

性味功能　味辛微苦，性温，有香氣。祛風止痛，散瘀消腫。

主　　治　小兒麻痹症初期，風濕骨痛，風寒腹痛，毒蛇咬傷，跌打腫痛，癰癤腫毒，濕疹，蕁麻疹。

越南葉下珠 Phyllanthus cochinchinensis (Lour.) Spreng.

生於山野路邊、林下。

大戟科油甘屬小灌木。

互生，2 列，葉長不過 1 厘米，近革質，倒卵形或矩圓形。

單性異株，1 － 3 朵聚生葉腋內，有短柄，萼片 6 枚，無花瓣。花期四月。

蒴果扁球形，直徑約 5 毫米。

採　　集　藥用根或枝、葉。全年可採。

性味功能　清濕熱，解毒消積。

主　　治　腹瀉下痢，小便不利，小兒積熱，小兒爛頭瘡。外用治皮膚濕毒，疥瘡。

草藥記事簿

遊覽日期：　　　　　　天氣：　　　　　往返時間：

	一路上您找到甚麼草藥呢？在這裡打個 ✓！	哪種草藥正在開花？ 在這裡畫顆 * 吧！	哪種草藥在結果子？在這裡畫個○吧！
相思子 (搜尋目標)			
白桂木			
寄生藤			
苦楝			
華衛矛			
絨毛潤楠			
廣州槌果藤			
土蜜樹			
毛麝香			
越南葉下珠			

哪種草藥的花最漂亮？ 哪種的果最特別？試在下面的空位畫出來。

路徑 5

南丫島

Lamma Island

位置	大嶼山東南方
交通	從中環港外線碼頭乘船到南丫島榕樹灣，船程約半小時
全長	4.5 公里
步行時間	3 小時
難度	易
適合遠足時間	全年
注意事項	1. 不可採摘植物和觸摸村民物品 2. 在鄉村內請保持安靜
注意景點	榕樹灣、洪聖爺泳灘、神風洞、漁排、索罟灣

北
北角咀
Pak Kok Tsui
曾仔坳
Tsang Tsai Au
北角新村
Pak Kok San Tsuen
北角山
Pak Kok Shan
南咀
Nam Tsui
東博寮海峽
East Lamma Channel
石角咀
Shek Kok Tsui
石梨
Shek Li
北角舊村
Pak Kok Kau Tsuen
白鴿坑
Paak Kap Hang
石梨嘉南
Shek Li Ka Nam
牙較灣
Nga Kau Wan
大坪
Tai Peng
鹿洲灣
Luk Chau Wan
澳仔
O Tsai
寶華園
Po Wah Yuen
榕樹塱
Yung Shue Long
榕樹灣
Yung Shue Wan
大園
Tai Yuen
大灣舊村
Tai Wan Kau Tsuen
沙埔
Sha Po
鹿洲
Luk Chau
鹹蟧磡
Kam Lo Hom
高塱
Ko Long
橫塱
Wang Long
大灣新村
Tai Wan San Tsuen
龍仔村
Long Tsai Tsuen
大嶺村
Tai Ling Tsue
蘆荻灣
Lo Tik Wan
大灣肚
Tai Wan To
鹿洲山
Luk Chau Shan
波羅咀
Po Lo Tsui
洪聖爺
Hung Shing Yeh
發電廠
Power Station
洪聖爺泳灘
Hung Shing Yeh Beach
桔仔灣
Kat Tsai Wan
南丫青年營
Lamma Youth Camp
水泥廠
鐵砂塱
Tit Sha Long
索罟灣
Sok Kwu Wan
渡輪碼頭
Ferry Pier
南丫島家樂徑
蘆鬚城
Lo So Shing
蘆鬚城泳灘
Lo So Shing Beach
神風洞
Cave Kamikaze
索罟灣
Sok Kwu Wan
天后宮
Tin Hau Temple
下尾灣
Ha Mei Wan
南丫島
Lamma Island
0
500（米）

南丫島路線圖

南丫島因地形像丫叉而得名，它是香港第三大島嶼，北部有榕樹灣，南部有索罟灣，沿海邊有家樂徑相通，道路平緩，背山面海，景色優美，加上島上養魚業發達，是吃海鮮的好地方。因此這條路徑最適合闔府老少作假期半日遊。

漫步榕樹灣

在榕樹灣碼頭下船後，向右遠望，便看見有三枝高高煙囪的發電廠，鄰近海灣邊停泊着很多小船，洋溢着一片漁村的氣氛。遊人可在碼頭向右方沿海灣畔的家樂徑走。海灣一帶有很多榕樹，故名榕樹灣。漫步榕樹蔭下，一邊迎着颯颯海風，一邊欣賞海灣優美的景色，正好是都市人減壓的休閒活動。假日時更有居民在碼頭附近，天后宮旁的榕樹下打乒乓球，寫意優悠的生活叫人羨慕不已。

細賞香草園

經過榕樹灣，遊人宜留意沿路的家樂徑指示牌，往索罟灣和洪聖爺泳灘方向，經過榕樹灣大街、後街和南丫島小學，向大灣肚前行。大灣肚一帶是農地，村民栽種紅蘿蔔、白蘿蔔等蔬菜。從大灣肚再前行幾分鐘便抵達洪聖爺泳灘，那裡水清沙幼，是很好的游泳和欣賞海景的地點。泳灘旁有兩位年青人開闢農地，栽種香草和有機蔬菜，仿效陶淵明"開荒南野際，守拙歸田園"，過着辛勞愉快的田園生活。如細心留意，園內種有蒔蘿、羅勒等香料和金盞菊、旱金蓮等植物。希望農場建成後，既可提供優質蔬菜，又可為南丫島增加"香草園"的景點。

經過香草園，沿家樂徑上行約二十分鐘，便見有一小亭，從小亭回頭遠眺，弧形的洪聖爺海灣即映入眼簾，風景優美。在此還可以瞭望海島南方一個個青葱翠綠的岬角山坡，由遠至近、此起彼伏地與藍海相接，構成一幅絕佳的風景畫。從小亭繼續往前走約半小時，就可看見一間水泥廠，

那裡有長長的運輸槽和人工湖，旁邊還種植樹木，環境保護工作做得不錯。

洪聖爺泳灘

索罟灣美景

看過水泥廠後再緩緩登山，不久又見山坡上有一涼亭供遊人休憩。在這裡遊人可遠眺索罟灣，灣內有很多養魚的漁排。其實索罟灣的“罟”就是網的意思，以前可能有不少漁民在這一帶撒網捕魚，故有此名。現在漁民改用漁排養魚，收穫更加豐富。

欣賞過索罟灣美景，遊人可沿家樂徑下山，路徑旁有幾個黑黝黝的山洞名叫神風洞，據說是日軍開鑿來收藏快艇，準備用作自殺式攻擊聯軍船艦。從山上往下慢行約四十五分鐘到達索罟灣岸邊，就會看到一間較大的天后宮，據說有百多年歷史，香火鼎盛，人們祈求天后娘娘，保佑風調雨順，出海平安，漁穫豐收。附近還有多間海鮮酒家夾道歡迎遊人，遊人可以飽餐一頓海鮮才興盡而歸，到索罟灣渡輪碼頭乘船回程，返回市區。

遠眺索罟灣

榕樹

Ficus microcarpa L.f.

這路段 10 種草藥中，以榕樹較為人熟悉，特設定為重點搜尋目標。它的氣根(榕樹鬚)是治感冒發熱的要藥。日常所見的都是經加工後的藥材(小圖)，原來它的原貌就是這樣的(大圖)。您能找到它嗎？

生於路邊、村旁或山谷。

桑科無花果屬大喬木，高達 20 － 25 米，枝條常有大量氣根下垂。

互生，革質，卵狀橢圓形。

小花生於扁球形的花序托內，花序托無梗，直徑小於 1 厘米，生於葉腋，乳白色，熟時黃色或淡紅色。花期五至六月。

採　　集　藥用氣根(榕樹鬚)及葉。全年可採。

性味功能　味微苦、澀，性涼。清熱解毒，發汗，利尿。

主　　治　氣根：感冒高熱，扁桃體炎，風濕骨痛，跌打損傷。葉：流行性感冒，支氣管炎，百日咳，瘧疾，急性腸炎，菌痢。

生長環境　形態　根　莖　葉　花　果

榕樹

榕樹鬚（藥材）

南丫島在民居附近的路徑，可以看到不少村民
栽種的草藥，例如龍脷葉，它因形態似舌頭得名。
還有旱金蓮，它開的花有紅有黃，鮮艷美麗，
葉還可供食用。而在山頂向陽路段可找到鬼羽箭，它形態特異，
像利箭插地，但要在中秋前後開花時才容易看到。

這條路徑還有別的草藥，您試試能找到多少？

千日紅 Gomphrena globosa L.

- 多為栽培。
- 莧科千日紅屬一年生草本，高 20 － 60 厘米。
- 有灰色長毛。
- 對生，紙質，長橢圓形，兩面被白色長柔毛，葉邊有睫毛。
- 密生枝頂，球狀，花序基部有 2 片葉狀總苞，花小。花期夏季。
- 胞果近球形。

採　　集　藥用花序或全草。夏秋花期採集。

性味功能　味甘，性平。止咳平喘，清肝明目。

主　　治　支氣管哮喘，急、慢性支氣管炎，百日咳，肺結核咯血，肝熱目痛、頭痛，小兒夜啼，痢疾。外用治跌打，瘡瘍。

聖誕花 *Euphorbia pulcherrima* Willd. ex Klotzsch

多為栽培。

大戟科大戟屬多年生灌木。

少分枝，幼莖綠色，有乳汁。

互生，形狀及大小不一，卵狀橢圓至披針形，莖頂的葉較狹，冬天開花時變紅色。

頂生於紅葉叢中央，杯狀花序多數。花期十二月。

採　　集　藥用全株，全年可採。

性味功能　味苦、澀，性涼。有小毒。調經止血，接骨消腫。

主　　治　月經過多，跌打損傷，骨折，外傷出血。

旱金蓮 *Tropaeolum majus* L.

多栽培於庭園。

旱金蓮科旱金蓮屬一年生攀援狀肉質草本，全株光滑。

互生，近圓形，長約 10 厘米，主脈 9 條，自中央放射狀發出，葉柄長，盾狀着生葉中央。

單生於葉腋，有長柄，花瓣 5，黃或橘紅色。花期春夏。

結核果。

採　　集　藥用全草。秋、冬採收。

性味功能　味辛、酸，性涼。清熱解毒。

主　　治　眼結膜炎，目赤腫痛，癰癤腫毒，跌打損傷。

龍脷葉 Sauropus spatulifolius Beille

多為栽培，少有野生。

大戟科守宮木屬小灌木，高約 40 厘米，枝扭曲。

互生，稍肉質，倒卵狀披針形，頂端圓鈍，葉面暗綠色，沿脈有色素較淺的花紋。

數朵簇生葉腋或排成短的總狀花序，雌雄同株，無花瓣，花萼紫紅色。花期夏季。

蒴果大如豌豆。

採　　集　藥用葉、花。全年可採。

性味功能　味甘、淡，性平。葉：潤肺止咳。花：止血。

主　　治　肺燥咳嗽，上呼吸道炎，急性支氣管炎，支氣管哮喘，咯血。

藤三七 Anredera cordifolia (Tenore) Steenis

多為栽培，或逸生於村邊。

落葵科落葵薯屬多年生草質藤本，有塊根。

醬紅色，右旋，有球狀珠芽。

卵狀心臟形，互生，葉柄長。

總狀花序長可達 25 厘米，總花軸淡紅色，花白色，細小，花冠 5 片。花期八月。

球形，包藏於宿存花冠筒內。

採　　集　藥用藤及珠芽，塊根可食。全年可採。

性味功能　味微苦，性温。滋補強壯，消腫散瘀。

主　　治　病後體弱，腰膝痹痛。外用治跌打損傷，風濕性關節炎。

紅雀珊瑚 Pedilanthus tithymaloides (L.) Poit.

栽培於庭園或作盆栽。

大戟科亞灌木，高約 1 米。

植株有多數直立或帶曲折形的枝條，肉質。

互生，有短柄，厚兼帶蠟質，長 5 － 10 厘米。

細小花序由莖側枝長出，苞片紅色尖銳，內藏雌花及雄花。花期八至九月。

採　　集　藥用全草，全年可採。

性味功能　味酸、微澀，性寒。有小毒。解毒，消腫，止血。

主　　治　跌打損傷，骨折，外傷出血，癤腫瘡瘍，蜈蚣咬傷。

金盞菊 Calendula officinalis L.

栽培於庭園中。

菊科金盞花屬一或二年生草本，高約 40 厘米。全株被毛。

有縱稜。

互生，長倒卵形，無柄。

頭狀花序，單個頂生，直徑 7 厘米，花異性，邊緣花黃色或橙色，舌狀。花期七月。

瘦果禿淨。

採　　集　藥用根、花。夏季採花，秋季採根。

性味功能　味淡，性平。根：活血散瘀，止痛。花：涼血止血。

主　　治　根：癥瘕，疝氣，胃寒疼痛。花：腸風便血，目赤腫痛。

白粉藤 Cissus repens Lam.

生於山坡、溝谷灌木叢中。

葡萄科白粉藤屬草質藤本。

有白粉和皮孔，嫩莖微紅色。

互生，心狀卵形，葉緣有微紅色小齒 10 餘個。

聚傘花序，花小，輻射對稱，花瓣 4。花期七月。

結漿果。

採　　集　藥用根、莖、葉。全年可採。

性味功能　根：味淡、微辛，性涼。清熱，消腫。莖、葉：味苦，性寒。有小毒。拔毒消腫。

主　　治　根：頸淋巴結結核，風濕骨痛。莖、葉：外用於瘡瘍腫毒。

鬼羽箭 Buchnera cruciata Ham.

生於向陽山坡、曠野草叢中。

玄參科黑草屬一年生直立草本，高 15 － 45 厘米。其花序如箭抽出，故名。

基生葉 4，鋪地而生，卵形，長 3 厘米，莖生葉對生。

穗狀花序頂生，花小，密集，紅或紫藍色，高腳碟狀，裂片 5。花期七至十月。

蒴果長圓形。

採　　集　藥用全草，秋季採集。

性味功能　味淡、微苦，性涼。清熱解暑，涼血解毒。體虛及孕婦忌服。

主　　治　風熱感冒，中暑腹痛，癲癇，蕁麻疹，皮膚風毒腫痛。

草藥記事簿

遊覽日期：　　　　天氣：　　　　往返時間：

	一路上您找到甚麼草藥呢？在這裡打個✓！	哪種草藥正在開花？ 在這裡畫顆*吧！	哪種草藥在結果子？在這裡畫個○吧！
榕樹 搜尋目標			
千日紅			
聖誕花			
旱金蓮			
龍脷葉			
藤三七			
紅雀珊瑚			
金盞菊			
白粉藤			
鬼羽箭			

哪種草藥的花最漂亮？ 哪種的果最特別？試在下面的空位畫出來。

路徑 6

坪洲

Peng Chau

位置	大嶼山東方
交通	從中環港外線碼頭乘快船至坪洲，船程約 20 分鐘
全長	4 公里
步行時間	約 3 小時
難度	易
適合遠足時間	全年
注意事項	1. 不可採摘植物和觸摸村民物品 2. 在鄉村內請保持安靜
注意景點	天后宮、奉禁封船碑、永安街、手指山、坪洲戲院、龍母廟、東灣、鄉村農田、金花廟

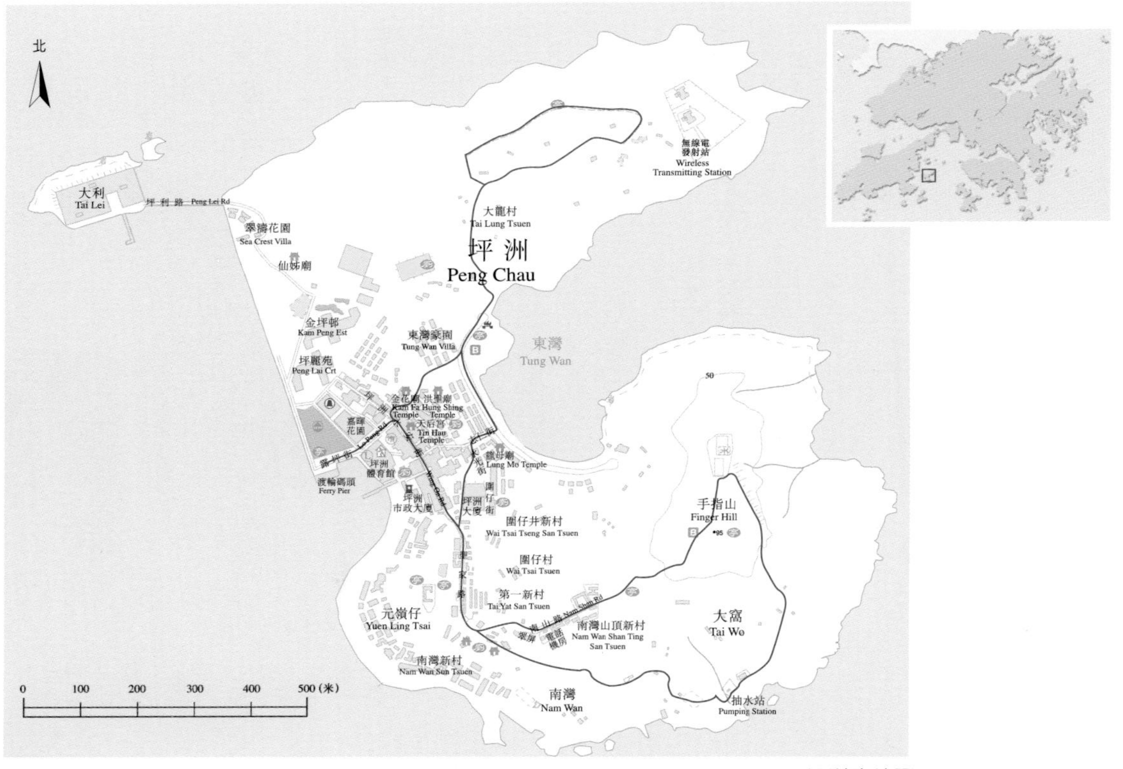
北
大利
Tai Lei
坪利路 Peng Lei Rd
豪濤花園
Sea Crest Villa
仙姊廟
金坪邨
Kam Peng Est
坪麗苑
Peng Lai Crt
嘉暉花園
渡輪碼頭
Ferry Pier
坪洲體育館
坪洲市政大廈
東灣豪園
Tung Wan Villa
金花廟 洪聖廟
Kam Fa Hung Shing
Temple Temple
天后宮
Tin Hau
Temple
龍母廟
Lung Mo Temple
大龍村
Tai Lung Tsuen
坪洲
Peng Chau
無線電發射站
Wireless
Transmitting Station
東灣
Tung Wan
50
手指山
Finger Hill
•95
圍仔井新村
Wai Tsai Tseng San Tsuen
圍仔村
Wai Tsai Tsuen
第一新村
Tai Yat San Tsuen
坪洲大廈
圍仔街
南灣山頂新村
Nam Wan Shan Ting
San Tsuen
南山路 Nam Shan Rd
電話機房
大窩
Tai Wo
元嶺仔
Yuen Ling Tsai
南灣新村
Nam Wan Sun Tsuen
南灣
Nam Wan
抽水站
Pumping Station
0 100 200 300 400 500 (米)

坪洲路線圖

坪洲

Peng Chau

坪洲古稱“平洲”，它和東平洲一樣，也因地勢平坦而得名。島上有不少廟宇，農田處處，還有農村舊屋。遊人穿梭其中，必會感受到寧靜悠閒的鄉村風味。

天后古廟

坪洲給遊人第一個感覺就是清潔整齊：街道清潔，路旁整齊地種滿樹木。下船後，遊人可在碼頭右轉，沿露坪街直走即可到達天后宮，進入天后宮參觀。天后宮內的天后像前，一般都有千里眼和順風耳兩個神像，據説他們原是妖魔，後來被天后收服成為侍神。而坪洲的天后宮內還有一個較小的天后像，每年七月廿一的天后行鄉，村民更會請天后出巡庇佑村民。

離開天后宮時，遊人可留意廟外的“奉禁封船碑”。清朝道光十五年，差吏常以剿討海盜為藉口徵用漁船，漁民生活因而大受影響，故狀告官府，最後官府發出告示禁止差吏徵船，漁民後來便立碑為證，足見當時漁民的苦況和影響力。坪洲在漁業的全盛期時，漁船多達二百餘艘。

遊人看過石碑後，可沿永安街向東南行，在盡處走上一條稍斜的聖家路，再左轉入南山路開始上山。一路上樹木林蔭，大約走十五分鐘，便可

抵達坪洲最高的手指山。

俯瞰坪洲

山頂景色

手指山山頂上涼風送爽，遊人可遠眺港島和大嶼山的風光，還可以俯瞰整個坪洲，欣賞青葱翠綠的海島景致。坪洲的形狀和長洲有點相似，因為它也是一個連島沙洲，是海浪在兩個相鄰的島之間堆積沙

泥，逐漸把兩島連在一起而造成的。村民多把屋建在島中間的位置。

欣賞過山頂景色，便可向抽水站方向下山，沿林蔭小路緩緩走約十五分鐘至抽水站，再沿站旁的台階繼續前進，走約數分鐘就會看到一塊大石，上面寫着“伯公”二字，正是土地公。鄉村典型的土地公一般多立在大樹下或農田旁，以大石塊為記。鄉民祈求土地公保佑風調雨順，五穀豐收。

經過土地公，遊人可沿着水泥路走約幾分鐘返回聖家路，然後再轉入健康街，再從健康街盡處往北方走到志仁街，沿街向右直走便到達東灣。面向東灣的龍母廟，據説善信可按從龍床摸到的物件來祈求平安。

坪洲日落

田園風光

沿東灣畔往北走，行約五分鐘到達涼亭，不遠處有一分岔路，遊人宜左轉往前走，一路上有很多村屋和農田，田上種着不少蔬菜、花卉和樹木，這裡還有魚池和果園，使坪洲瀰漫着濃厚的農村氣息。在農田和果園之間約走十分鐘，再遇一分岔路，遊人宜往右走，循逆時針方向在坪洲東北部遊走一圈。一路上舉目都是翠綠農田，林蔭夾道，鳥聲處處。漫步約二十分鐘，便見一個涼亭，遊人可在這裡北望壯麗的青馬大橋和竹篙灣迪士尼樂園工地。離開涼亭走約十分鐘再遇一分岔路，遊人宜左轉走回原路，折返東灣的涼亭。

遊人從涼亭前行不久，可右轉入好景街，沿街直走即抵達金花廟，此廟規模雖小但善信卻多，據知到此求生育甚靈驗。拜過金花廟，遊人應左轉至露坪街，一直走到碼頭回程，順道可欣賞坪洲日落美景。

金銀花

Lonicera confusa (Sweet) DC.

這路段 10 種草藥中，以金銀花較為人熟悉，特設定為重點搜尋目標。它是治感冒要藥，亦是五花茶的成分之一。日常所見的都是經加工後的藥材（小圖），原來它的原貌就是這樣的（大圖）。您能找到它嗎？

生於山地灌木叢中。

忍冬科忍冬屬半常綠藤本。全株均被灰黃色捲曲短柔毛。

紙質，卵狀橢圓形，長 3 － 6 厘米，頂端有短尖頭。

白色，乾後變黃色，花冠 2 唇形，唇瓣較管短，雄蕊和花柱突出花冠外，密生於頂端。花期四至五月及八至九月。

橢圓形，熟時黑色。

採　　集　藥用全株。花於春末夏初含苞待放時採；莖、葉全年可採。

性味功能　花：味甘性寒，清熱解毒。藤：清熱解毒，祛風通絡。

主　　治　流行性感冒，上呼吸道感染，大葉性肺炎，肺膿瘍，急性闌尾炎，腸炎，菌痢，風濕性關節炎，瘡癤，外傷感染。

生長環境　形態　根　莖　葉　花　果

金銀花

金銀花(藥材)

坪洲的路段靠近農村，有不少村民栽種的草藥。每逢春節前後，都會看見不少種在屋邊涼棚的炮仗花，橙紅色的花朵一串串懸掛，鮮艷奪目，極像正在劈里啪啦爆放的炮仗。這種春季的時花具潤肺止咳的作用。此外生在村邊的五月艾，葉片羽狀分裂，有香氣，能散寒止血，曬乾後可作針灸科溫灸之用。

這條路徑還有別的草藥，您試試能找到多少？

穿破石 *Cudrania cochinchinensis* (Lour.) Kudo et Masamune

- 生於山坡、路旁、灌木叢中。
- 桑科柘樹屬攀援狀灌木。
- 有略向下彎的粗壯棘刺。
- 革質，倒卵狀橢圓形至橢圓形，葉尖鈍形或短漸尖，葉基楔形，葉柄長 5 － 10 毫米。
- 雌雄異株；頭狀花序腋生，有柔毛；雄花花被片 3 － 5；雌花花被片 4。花期六月。
- 聚花果球形，肉質，有毛。

採　　集　藥用根，全年可採。

性味功能　味微苦，性平。止咳化痰，活血止痛，清熱利濕。

主　　治　肺結核，肺熱咳血，黃疸型肝炎，肝脾腫大，胃、十二指腸潰瘍，風濕腰腿痛。孕婦忌服。外用治跌打損傷，瘡癤。

一點紅 Emilia sonchifolia (Linn.) DC.

多生於路邊、曠野草地。

菊科一年生直立草本。

粉綠色，有少許分枝。

基生葉卵形，寬琴狀分裂，莖生葉抱莖，葉背紫紅色。

頂生頭狀花序，排列成疏散的傘房花序，紫紅色。

瘦果長約 2.4 毫米，狹矩圓柱形，有稜，冠毛白色。

採　　集　藥用全草，全年可採。

性味功能　味苦，性涼。清熱解毒，散瘀消腫。

主　　治　感冒發熱，上呼吸道感染，咽喉腫痛，肺炎，腸炎，菌痢，泌尿系感染，睾丸炎，外傷感染，瘡癧，皮膚濕疹。

玉龍鞭 Stachytarpheta jamaicensis (L.) Vahl

生於荒野、路旁、村邊。

馬鞭草科假敗醬屬多年生草本，高 50 厘米，基部木質化。

對生，橢圓形，長 2.5 － 7 厘米，邊緣有鋸齒，兩面無毛。

穗狀花序條形，生枝端有如鞭狀，穗軸有凹穴，花一半嵌其內，藍或淡紫色。花期夏季。

成熟後裂為 2 小堅果。

採　　集　藥用全草，全年可採。

性味功能　味微苦，性寒。清熱解毒，利水通淋。

主　　治　尿路感染，尿路結石，風濕筋骨痛，急性結膜炎，喉炎，癰瘡腫痛，跌打瘀腫。

蒼白秤鈎風 Diploclisia glaucescens (Bl.) Diels

生於疏林或灌木叢中。

防己科秤鈎風屬木質藤本。

有細條紋。

紙質至革質，寬卵形，5 出基脈，葉底面粉綠色，葉柄約與葉片等長。

雌雄異株，聚傘狀圓錐花序，長可達 20 厘米，雄花花瓣寬倒卵形。花期春季。

核果矩圓形，有白色粉末。

採　　集　藥用藤、葉。全年可採。

性味功能　味微苦，性寒。清熱利濕，消腫解毒。

主　　治　風濕骨痛，膽囊炎，尿路感染，毒蛇咬傷。

黃鵪菜 Youngia japonica (L.) DC.

生於路旁、溪邊草叢中。

菊科黃鵪菜屬一年生草本，高 20 － 80 厘米。

基生葉倒披針形，琴狀或羽狀半裂，莖生葉較少數，互生。

頭狀花序頂生，內有 10 － 20 朵舌狀花，黃色。花期四、五月。

結瘦果。

採　　集　藥用全草或根，四季可採。

性味功能　味甘、微苦，性涼。清熱解毒，利尿消腫。

主　　治　感冒，結膜炎，扁桃體炎，牙痛，尿路感染，肝硬化腹水，風濕性關節炎，乳腺炎。外用治瘡癤腫毒，胼胝。

薺　菜 Capsella bursa-pastoris (L.) Medic.

生於路旁、溝邊或栽培。

十字花科薺屬一年生草本。

基生葉叢生，不規則的羽狀深裂，莖生葉互生，抱莖，長圓形或披針形，全緣或有鋸齒。

總狀花序頂生，花小，白色，萼片 4，花瓣 4。花期三月。

結倒三角形莢果，有長果柄。

採　集　藥用全草，春末夏秋採集。

性味功能　味甘淡，性平。涼血止血，清熱利尿，清肝明目。

主　治　腎結核尿血，肺結核咯血，腎炎水腫，泌尿系結石，乳糜尿，子宮出血，月經過多，感冒發熱，腸炎，高血壓，目赤腫痛。

五月艾 Artemisia indica Willd.

生於路旁荒野、草地。

菊科艾屬多年生直立草本。

枝具縱稜，被灰白色柔毛。

互生，羽狀分裂，葉背被灰白色柔毛，揉碎有香氣。

花小，成穗狀生於枝頂或葉腋，淡黃色，每個細小卵形的花實為 1 頭狀花序。花期夏秋。

瘦果小，無冠毛。

採　集　藥用葉。春夏二季花未開、葉茂盛時採摘。

性味功能　味苦、辛，性温。散寒，止痛，止血。

主　治　功能性子宮出血，先兆流產，痛經，月經不調。外用治腹中冷痛，關節酸痛，濕疹，皮膚搔癢。

龍鬚藤 *Bauhinia championi* Benth.

生於山坡、疏林或灌木叢中。

豆科羊蹄甲屬藤本，長數米。小枝上捲鬚1－2條，對生。

互生，有柄，長卵形，頂端常2淺裂，基出脈5－7條。

總狀花序常頂生，花小，有梗，花冠白色。花期九至十月。

莢果扁平，長5－8厘米，密生皺紋，有種子2－6粒。

採　　集　藥用根、藤莖。全年可採。

性味功能　味苦、澀，性平。祛風除濕，活血止痛。

主　　治　風濕性關節炎，偏癱，腰腿痛，跌打損傷，胃痛。

炮仗花 *Pyrostegia venusta* (Ker-Gawl.) Miers

栽培於屋旁或棚架上。

紫葳科炮仗花屬木質藤本。

粗壯，有稜，小枝有縱槽紋。

複葉有小葉2－3枚，頂生的小葉常變為捲鬚，小葉卵形至卵狀矩圓形，頂端急漸尖。

橙紅色，多朵排成下垂的圓錐花序，如鞭炮。花期春季。

結蒴果。

採　　集　藥用花和葉。春季採花，葉全年可採。

性味功能　花：味甘，性平；潤肺止咳。葉：味苦，性平；清熱，利咽喉。

主　　治　肺結核咳嗽，支氣管炎，咽喉腫痛。

草藥記事簿

遊覽日期：　　　　　　　天氣：　　　　　　往返時間：

	一路上您找到甚麼草藥呢？在這裡打個✓！	哪種草藥正在開花？ 在這裡畫顆＊吧！	哪種草藥在結果子？在這裡畫個○吧！
金銀花 搜尋目標			
穿破石			
一點紅			
玉龍鞭			
蒼白秤鈎風			
黃鵪菜			
薺菜			
五月艾			
龍鬚藤			
炮仗花			

哪種草藥的花最漂亮？ 哪種的果最特別？試在下面的空位畫出來。

路徑 7 長洲

Cheung Chau

位置	香港島西南方
交通	從中環港外線碼頭乘船到長洲，船程約 30 分鐘
全長	6 公里
步行時間	4 小時
難度	易
適合遠足時間	全年
注意事項	如要參觀張保仔洞，緊記帶備電筒
注意景點	張保仔洞、五行石、天后宮、小長城、北帝廟

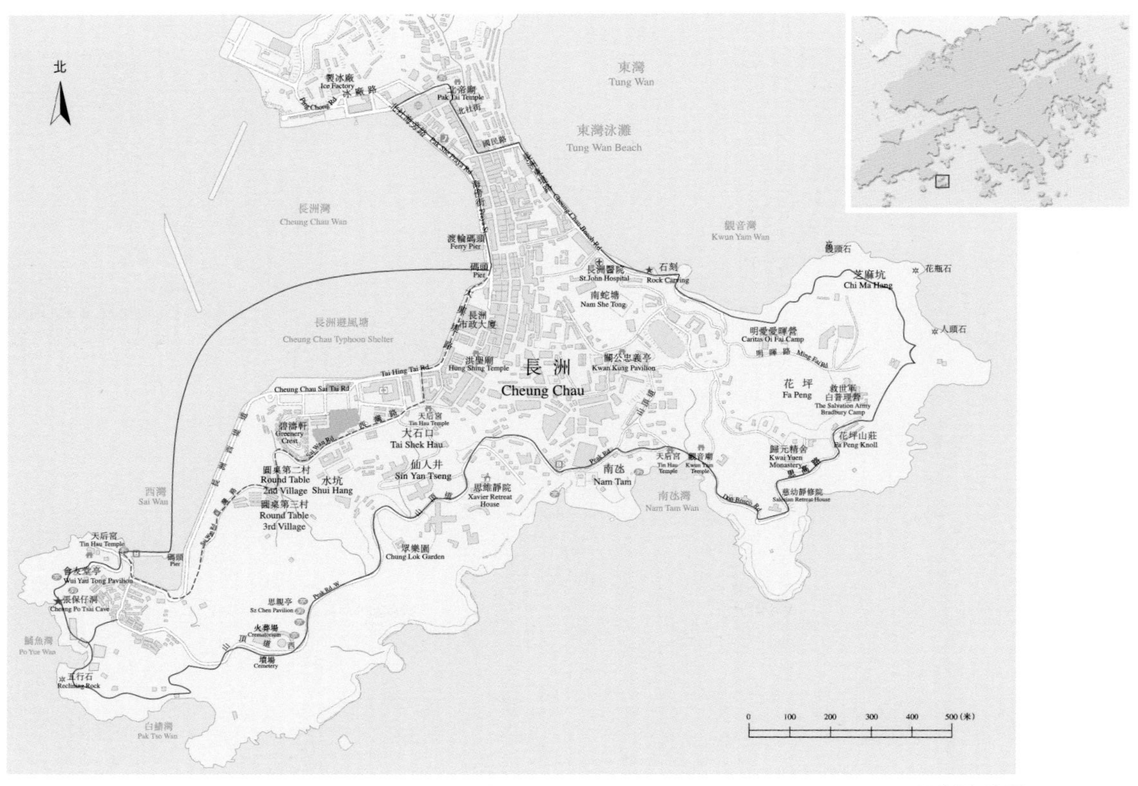
北
製冰廠
Ice Factory
冰廠路
北帝廟
Pak Tai Temple
北社街
國民路
東灣
Tung Wan
東灣泳灘
Tung Wan Beach
長洲灣
Cheung Chau Wan
渡輪碼頭
Ferry Pier
碼頭
Pier
觀音灣
Kwun Yam Wan
長洲醫院
St John Hospital
石刻
Rock Carving
芝麻坑
Chi Ma Hang
花瓶石
人頭石
南蛇塘
Nam She Tong
長洲避風塘
Cheung Chau Typhoon Shelter
長洲市政大廈
明愛愛暉營
Caritas Oi Fai Camp
明暉路
Ming Fai Rd
洪聖廟
Hung Shing Temple
長洲
Cheung Chau
關公忠義亭
Kwan Kung Pavilion
Tai Hing Tai Rd
Cheung Chau Sai Tai Rd
花坪
Fa Peng
救世軍白普理營
The Salvation Army Bradbury Camp
天后宮
Tin Hau Temple
大石口
Tai Shek Hau
碧濤軒
Greenery Crest
Sai Wan Rd
花坪山莊
Fa Peng Knoll
歸元精舍
Kwai Yuen Monastery
天后宮
Tin Hau Temple
觀音廟
Kwun Yam Temple
南氹
Nam Tam
Peak Rd
仙人井
Sin Yan Tseng
圓桌第二村
Round Table 2nd Village
水坑
Shui Hang
圓桌第三村
Round Table 3rd Village
思維靜院
Xavier Retreat House
南氹灣
Nam Tam Wan
Don Bosco Rd
慈幼靜修院
Salesian Retreat House
西灣
Sai Wan
天后宮
Tin Hau Temple
碼頭
Pier
頌樂園
Chung Lok Garden
會友堂亭
Wui Yau Tong Pavilion
張保仔洞
Cheung Po Tsai Cave
思親亭
Sz Chen Pavilion
Peak Rd W
火葬場
Crematorium
墳場
Cemetery
鯆魚灣
Po Yue Wan
五行石
Reclining Rock
白鰽灣
Pak Tso Wan
0
100
200
300
400
500 (米)

長洲路線圖

長洲是香港著名的旅遊度假勝地，每年的太平清醮吸引成千上萬的遊客到來。島的西南面有著名的張保仔洞；而長洲海岸長年受侵蝕，形成奇異的海岸地貌和怪石，也是假日郊遊的焦點。

張保仔洞

下船後首先走訪長洲最著名的張保仔洞，遊人可循陸路或海路到這裡。從陸路者可沿碼頭右邊海旁的大興堤路走，左轉進入慧恩法師紀念中學前的橫街，然後再右轉入西灣路，慢行約二十分鐘到西灣碼頭。循海路者可在渡輪碼頭右邊的小碼頭，乘街渡直接到西灣。到達西灣碼頭後，可沿碼頭前方公廁旁的台階拾級而上，來到台階頂走進張保仔路。在張保仔路走約十分鐘，便見第一個分岔路口，那裡有路牌指示左轉可到五行石，但遊人宜先往前直走，到路盡頭參觀張保仔洞。來到路盡頭見第二個分岔路口，遊人應右轉進入張保仔洞。

因張保仔洞內狹窄，地面濕滑，遊人宜慢步前行，在空洞內憑弔一下張保仔的"輝煌歷史"。張保仔本是漁民，後被海盜鄭一收為部下，鄭一死後，張保仔為鄭妻重用，獨領一隊盜船橫行海上，多次與朝廷海軍交戰，終在1810年向朝廷投降。張保仔為患時間約三至四年，後來卻成為名海盜。

五行石和兔仔石

兔仔石

參觀張保仔洞後，遊人應循原路返回第一個分岔路口，按路牌指示右轉到五行石。一路上遊人可看見五行巨石嶙峋分佈，奇異美麗。五行石之間有通道可行，置身其中，就像走進武俠小說裡面的石陣。五行石旁還有"兔仔石"，極像站立的兔子，活靈活現。觀賞過奇石後，遊人可繼續沿岸邊的路走約五分鐘，經過白鱲灣便遇一分岔路，遊人宜

右轉，經過墳場，沿山頂道走約一小時到南氹的天后宮。

遊人在天后宮稍休後，可沿思高路繼續前行，約二十分鐘便到達分岔路口，遊人宜按路牌指示往救世軍白普理營方向走，數分鐘後再遇另一分岔口，再按路牌指示走向花坪和芝麻坑，來到岸邊便即見奇異的人頭石。

三石朝陽

三石朝陽

從人頭石向長洲北岸眺望，便可看見鈴石和花瓶石，剛巧三塊石都是朝東，因此合稱“三石朝陽”。當中值得一提的是人頭石，它那被侵蝕成蜂窩狀的岩體，酷似一個蓄鬈髮的頭顱，狀甚詭異。

看過三石朝陽，從人頭石左邊走上一段有“小長城”美譽的水泥長路。一路上別忘了留意路旁千奇百怪的石頭，像玉璽、烏龜、駱駝、大象、臥貓、老鼠、白鶴、毒蛇、山羊、金鷹、骷髏、臥佛、殭屍……維俏維妙，挑戰遊人的想像力。看罷奇石後，便到達觀音灣。這裡便是香港首位奧運金牌得主李麗珊昔日練習滑浪風帆的地方。

北帝古廟

沿泳灘走，向左轉進國民路後再右轉入北社街，走到街盡處參觀北帝廟，這裡就是每年太平清醮舉行之處，島民在廟前建醮祈求平安。據説長洲曾發生瘟疫，後得北帝指示，設壇超渡孤魂，奉神遊行，瘟疫才停止。自此村民仍每年舉行這祭祀活動來酬謝神恩。該廟曾經多次重修，2002 年再修復一次，模倣或尋找昔日所用的物料修復廟脊、石柱、石雕、牌匾等文物，以求把原貌保存得更長久。看過古廟，遊人可向長洲灣方向走，左轉入北社海傍街，返回碼頭回程。

烏藥

Lindera aggregata (Sims) Kosterm.

這路段 10 種草藥中，以烏藥較為人熟悉，特設定為重點搜尋目標。它是治胃痛和腎虧尿頻的要藥。日常所見的都是經加工後的藥材（小圖），原來它的原貌就是這樣的（大圖）。您能找到它嗎？

生於向陽山坡灌木林中。

樟科釣樟屬常綠灌木或小喬木，高約 5 米。

樹皮灰綠色，嫩莖被鏽色毛。

互生，革質，橢圓形或卵形，葉頂端長漸尖或短尾尖，葉背密生灰白色柔毛，3 出脈。

雌雄異株，傘形花序腋生，總花梗極短或無。花期三至四月。

橢圓形，熟時黑色。

採　　集　藥用根、樹皮。冬春採挖。

性味功能　味辛，性温。温中健胃，理氣止痛。

主　　治　胃氣痛，吐瀉腹痛，痛經，疝痛，膀胱虛冷，遺尿，尿頻，風濕疼痛，跌打傷痛。外用治外傷出血。

生長環境　形態　根　莖　葉　花　果

烏藥

烏藥(藥材)

長洲西灣一帶的路段，有不少長在山野路邊的草藥。

常見的有三塊小葉和開五瓣小黃花的酸味草，

它的葉具清熱安神之效，另一種酸味草則開淡紫紅的花，

葉片較大，名叫紅花酸味草，看您能找到哪種花色的酸味草？

這裡還有開白色五瓣小花的龍葵，

果熟時紫黑色，可用來做湯喝。

這條路徑還有別的草藥，您試試能找到多少？

倒扣草 Achyranthes aspera L.

- 生於路旁、村邊草叢陰濕處。
- 莧科牛膝屬一或二年生草本，高可達 1 米。
- 四方形，節間膨大多分枝。
- 對生，有柄，長橢圓形，長 5 － 10 厘米，兩面被柔毛。
- 穗狀花序頂生，花向下折貼近總花梗，披針狀的苞片與花被片硬，觸之刺手。花期夏秋。

採　　集　藥用全草。夏、秋採集。

性味功能　味微苦，性涼。清熱解表，解毒，利尿。

主　　治　感冒發熱，瘧疾，痢疾，扁桃體炎，流行性腮腺炎，風濕性關節炎，跌打損傷，泌尿系結石，腎炎水腫，痛經，經閉。

酸味草 *Oxalis corniculata* L.

生於路旁或田邊。

酢漿草科酢漿草屬柔弱草本。莖、葉及葉柄均被柔毛。

由三小葉組成，葉柄細長，小葉倒心形，長 5 － 10 毫米。

生葉腋，花梗與葉柄等長，花黃色，花瓣 5。花期四月。

結圓柱形蒴果，有 5 稜。

採　　集　藥用全草，四季可採。

性味功能　味酸，性涼。清熱解毒，安神降壓。

主　　治　感冒發熱，肝炎，腸炎，尿路感染、結石，神經衰弱，高血壓。外用治跌打扭傷，瘡癤，腳癬，濕疹，燒燙傷。

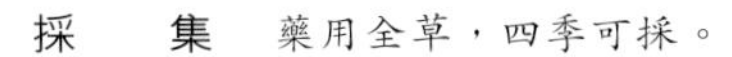

山指甲 *Ligustrum sinense* Lour.

生於村旁路邊，或栽培。

木犀科女貞屬常綠灌木。

密生短柔毛。

對生，薄革質，橢圓形，先端鋭尖或鈍，基部圓形。

白色，芳香，圓錐花序長 4 － 10 厘米，花冠小，漏斗狀。花期三月。

結近圓形核果，直徑 4 毫米。

採　　集　藥用葉，全年可採。

性味功能　味苦，性寒。清熱解毒，抑菌殺菌，消腫止痛。

主　　治　急性黃疸型傳染性肝炎，痢疾，肺熱咳嗽，口腔炎。外用治跌打損傷，白癜風，燒燙傷，瘡瘍等外科感染性疾病。

筆管榕 Ficus superba var. japonica Miq.

生於疏林及溪邊。

桑科榕屬落葉喬木，有乳汁。

互生，聚生於枝頂，堅紙質，寬卵圓形，葉尖短尖至急尖，葉基圓形，葉背脈明顯。

肉質花序托腋生，數個簇生於老枝上。花期三至七月。

無花果先綠後紫而夾白點。

採　　集　藥用根、葉。夏秋採。

性味功能　味微辛，性涼。祛風除濕，清熱解毒。

主　　治　風濕骨痛，感冒，扁桃體炎，眼結膜炎。

豺皮樟 Litsea rotundifolia Hemsl. var. oblongifolia (Nees) Allen

生於山坡灌木林中。

樟科木薑子屬常綠灌木。

互生，革質；葉片卵狀長圓形，先端鈍或短漸尖，基部楔形或鈍，葉背帶綠蒼白色。

雌雄異株，傘形花序腋生或節間生，花棕黃色，花被片 6。花期七至八月。

球形，成熟時灰藍黑色。

採　　集　藥用根。全年可採。

性味功能　味辛，性温。祛風濕，活血，止痛。

主　　治　風濕關節痛，腰腿痛，胃痛，經痛，腹瀉，水腫，跌打損傷。

了哥王 Wikstroemia indica (Linn.) C. A. Mey.

生於路旁、山坡草叢中。

瑞香科灌木，高 0.6 － 2 米。

莖枝紅褐色，皮部纖維豐富。

對生，矩圓形或倒卵形，側脈很纖細，多條。

黃綠色，短總狀花序頂生，總花梗長達 1 厘米，無毛。

橢圓形，熟時暗紅色。

採　　集　藥用根，春秋採挖。

性味功能　味苦，性寒，有毒。消腫散結，清熱解毒。

主　　治　肺炎，腮腺炎，急性乳房炎，淋巴結核，肝鬱，虛勞，跌打損傷，瘡腫，蛇蟲咬傷，蜂窩組織炎，結核性膿瘍。

賽葵 Malvastrum coromandelianum (L.) Garcke

生於路旁、村邊草地。

錦葵科賽葵屬草本。

分枝有貼伏的星狀毛。

互生，葉片狹卵形，長 2 － 6 厘米，邊緣有鋸齒，兩面被疏毛，托葉，長約 5 毫米。

常單朵生於葉腋，花萼鐘狀，花黃色，花瓣 5。花期夏秋。

分果不開裂。

採　　集　藥用全草，全年可採。

性味功能　味甘、淡，性涼。清熱解毒，利濕散瘀。

主　　治　黃疸型肝炎，腸炎，痢疾，風濕性關節炎，感冒，咳嗽，前列腺炎，內痔發炎。外用治跌打腫痛，癰疽癤腫。

龍葵 Solanum nigrum L.

生於田邊或路旁。

茄科茄屬一年生草本。

直立，多分枝。

互生，卵形，長 3 － 10 厘米，全緣或有不規則的波狀齒。

花序腋外生，有 4 － 10 朵花，花冠白色。花期夏季。

漿果球形，直徑不足 1 厘米。

採　　集　藥用全草。夏、秋季採收。

性味功能　味苦、微甘，性寒。有小毒。清熱解毒，消腫散結。

主　　治　感冒發熱，咽喉腫痛，慢性支氣管炎，尿道感染，急性腎炎，乳腺炎，癌症。外用治癰癤，皮膚濕疹。

大紅花 Hibiscus rosa-sinensis L.

多為栽培或生於山坡疏林中。

錦葵科木槿屬灌木。

互生，寬卵形或狹卵形，長 4 － 9 厘米，邊緣有齒。

下垂，花冠直徑 6 － 10 厘米，單瓣或重瓣，玫瑰紅或淡黃色。花期四至九月。

蒴果卵形，長 2.5 厘米。

採　　集　藥用全株。根、葉全年可採，夏、秋採花。

性味功能　味甘，性平。解毒，利尿，調經。

主　　治　根：腮腺炎，急性結膜炎，支氣管炎，尿道感染，子宮頸炎。花：月經不調。葉、花外用治癰瘡癤腫。

草藥記事簿

遊覽日期：　　　　天氣：　　　　往返時間：

	一路上您找到甚麼草藥呢？在這裡打個 ✓！	哪種草藥正在開花？ 在這裡畫顆 *吧！	哪種草藥在結果子？在這裡畫個○吧！
烏藥（搜尋目標）			
倒扣草			
酸味草			
山指甲			
筆管榕			
豺皮樟			
了哥王			
賽葵			
龍葵			
大紅花			

哪種草藥的花最漂亮？ 哪種的果最特別？試在下面的空位畫出來。

路徑 8

鳳凰山

Lantau Peak

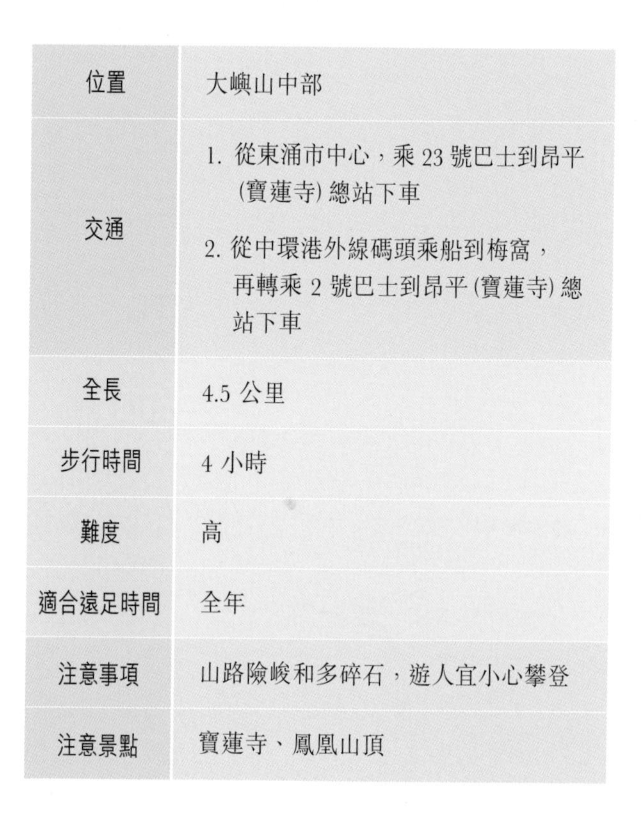

位置	大嶼山中部
交通	1. 從東涌市中心，乘 23 號巴士到昂平 (寶蓮寺) 總站下車 2. 從中環港外線碼頭乘船到梅窩，再轉乘 2 號巴士到昂平 (寶蓮寺) 總站下車
全長	4.5 公里
步行時間	4 小時
難度	高
適合遠足時間	全年
注意事項	山路險峻和多碎石，遊人宜小心攀登
注意景點	寶蓮寺、鳳凰山頂

北
火葬場
Crematorium
盤若殿
Buddhist Hall
盤若苑
Monastery
阿彌陀佛林
Buddhist Place
昂坪
Ngong Ping
昂坪青年旅舍
Ngong Ping Rd
昂平路
寶蓮寺
Po Lin Monastery
493
直升機場
479
天壇大佛
Tian Tan
Buddha Statue
木魚山
Muk Yue Shan
地塘仔
Tei Tong Tsai
東涌道
鳳凰山
Lantau Peak
(Fung Wong Shan)
900
934
800
700
600
500
400
300
200
100
伯公坳
Pak Kung Au
Tung Chung Rd
南大嶼郊野公園
Lantau South Country Park
443
狗牙嶺
Kau Nga Ling
539
428
比例尺
0 200 500 1000(米)
貝納奇小徑
石壁水塘
Shek Pik Reservir
凰鳳山路線圖

鳳凰山

Lantau Peak

鳳凰山是香港第二高山，海拔 934 米，是觀日出的理想地點。昂坪車站一帶有著名的寶蓮寺，木魚山上座落全亞洲最大的露天青銅大佛，低首垂目，肅穆莊嚴。因此鳳凰山既是遠足熱點，也是善信拜佛的好去處。

寶蓮禪寺

在昂坪下車後，車站附近有不少食店，供應山水豆腐花等小食。遊人可先往寶蓮寺參觀。大雄寶殿金碧輝煌，信眾焚香禱告，祈求平安，寺中傳出唸經及佛門歌聲，使人心境平靜，洗淨塵世煩囂。大佛在十時開放，遊人可步上長台階參拜和欣賞四周景色。寺內也有齋堂售賣午間齋菜給遊人享用。

參觀過寶蓮寺，遊人可向寺左邊茶園餐廳方向前進，路邊有一茶園種有不少茶樹，它的葉就是我們日常用來泡茶飲的茶葉原料，加工製作普洱、壽眉等飲用。生於高山的茶少受污染，被列為佳品。

鳳凰觀日

鳳凰觀日

經茶園慢行約二十分鐘，便看見一方牌樓，上面寫着“鳳凰觀日”，旁邊有一隻七彩鳳凰雕像。遊人可按牌樓下指示牌，經鳳凰山前往伯公坳，路程 4.5 公里，行程約 2 小時 15 分，這個時間是以年青人的步程計算，年長及體力差者，時間可能要多一倍。

牌樓右方不遠處，是前往石壁的引水道旁路徑，路程 5.5 公里，行程2小時。這是沿着石壁水塘環走的“郊野樂行”徑。天氣差時，遊人可以不登鳳凰山頂而選這段路走。牌樓左側有一不明顯小路，是沿鳳凰山腰前往吊手岩及“羅漢塔”方向的道路，這一帶植物資源豐富，但路徑不明顯，峻峭難行，十分危險，遊人不宜冒險前往。

遊人應經過牌樓往鳳凰山觀日。多年前筆者也曾與孩子在寶蓮寺度宿一宵，早上五時帶電筒摸黑上山觀日出。這段上山小路，人稱“天梯”，十分陡峭，幸好在危險的地方設有鐵鏈欄阻，供遊客攙扶，這些建設相信是漁護署的傑作！

攀天梯

由於上山的路佈滿嶙峋岩石及浮沙碎石，遊人應小心慢行，並順道欣賞沿路風景及草藥。走到半山約 700 米高的時候，可回過頭來遠眺，左方是狗牙嶺，峰巒似犬牙交錯，山勢奇特而美麗，正前方是石壁水塘，右方是昂坪寶蓮寺及天壇大佛的側面。沿路生長着一些高山植物，如野木瓜和一枝黃花等，有些要在花期才容易辨識。沿途一帶還長滿稀有植物吊鐘，初春時盛開粉紅色的花朵，嬌艷奪目，值得細賞。

來到山頂極目遠眺，四方美景盡入眼簾：北方近處是突起的羅漢塔，那一帶峻峭難行，遠處是東涌市區；南邊是優美的長沙海灘；東邊就是植物資源豐富的大東山；西面就是狗牙嶺。

欣賞過山頂景色，遊人可按路牌指示往伯公坳方向的小路下山。一路上盡是高山秀色，翠綠的草坡和樹木使城市人眼睛得到充分的休息。循下山路約走兩小時，便抵達伯公坳，遊人可在公路旁乘車往東涌，興盡而返。

遠眺狗牙嶺

茶

Camellia sinensis (L.) O. Ktze.

這路段 10 種草藥中，以茶較為人熟悉，特設定為重點搜尋目標。它的葉是提神解渴的飲料，加工成普洱、龍井等茶葉。日常所見的都是經加工後的茶葉(小圖)，原來它的原貌就是這樣的(大圖)。您能找到它嗎？

生於山地、丘陵。多為栽培。

山茶科山茶屬常綠灌木。

薄革質，色深綠，橢圓狀披針形，長 5 － 10 厘米，葉緣有細鋸齒，葉柄長 3 － 7 毫米。

白色，聚傘花序腋生，有 1 － 4 朵花，花梗下彎，花瓣 7 － 8 片。花期五至十月。

蒴果每室有 1 種子。

採　　集　藥用葉為主。春至秋採嫩芽或嫩葉，以清明前後採收為佳。

性味功能　茶葉：味甘、苦，性涼。提神解渴，清熱利尿，消滯。

主　　治　腸炎，痢疾，消化不良，感冒，口渴，傷酒，嗜睡。

生長環境　形態　根　莖　葉　花　果

茶

茶葉

鳳凰山路徑的初段，在寶蓮寺一帶種有一些觀賞

用的草藥，如山茶花、桂花和大麗花等。

經過寶蓮寺後就是攀登鳳凰山的路段，生長着不少高山植物，

其中最著名的是天南星，葉放射狀分裂像傘子，

故稱一把傘南星。它的花苞像火焰一樣，稱為佛焰苞。

苞尾長長的向下垂，昆蟲可以沿苞尾爬上去傳播花粉。

這條路徑還有別的草藥，您試試能找到多少？

野木瓜 Stauntonia chinensis DC.

- 生於山谷林緣灌木叢中。
- 木通科野木瓜屬常綠木質纏繞藤本，長 6 － 9 米。
- 互生，有長葉柄，近革質，為掌狀複葉，小葉 3 － 7 片。
- 有異臭，萼片 6 枚，長可達 1.6 厘米，2 輪，內輪較小，綠色帶紫。花期四至六月。
- 漿果狀，近球形如小木瓜。

採　　集　藥用根或全株。全年可採。

性味功能　味微苦，性平。祛風止痛，舒筋活絡。

主　　治　三叉神經痛，坐骨神經痛，神經性頭痛，胃、十二指腸潰瘍，風濕關節痛，跌打損傷，痛經，水腫，睾丸腫大。

天南星 *Arisaema erubescens (Wall.) Schott*

生於陰濕的山坡及林下。

天南星科多年生直立草本。

塊莖扁球形，直徑可達 6 厘米。

葉柄上生 1 葉片，放射狀分裂。

花序生於綠色佛焰苞內，雌雄花不同株，花細小，生於棒狀花軸上，成肉穗花序。花期三至四月。

結細小紅色漿果。

採　　集　藥用塊莖。秋、冬採挖。

性味功能　味苦辛，性溫，有毒。祛風定驚，化痰散結，抗腫瘤。

主　　治　半身不遂，面神經麻痹，癲癇，破傷風，咳嗽，痰多稀薄。外用疔瘡腫毒，跌打瘀腫。

條葉薊 *Cirsium hupehense Pamp.*

生於向陽山坡草地。

菊科薊屬多年生直立草本。

肉質，長紡錘形。

互生，條形至長披針形，葉邊有細刺，葉背被灰白色毛。

頭狀花序頂生，紫紅色。花期秋季。

瘦果矩圓形，長約 3 毫米，有白色羽狀冠毛。

採　　集　藥用根或全草。根秋季採挖，全草夏秋採集。

性味功能　味酸，性溫。活血散瘀，消腫解毒。

主　　治　月經不調、閉經，痛經，赤白帶下，跌打損傷，尿路感染，神經性皮炎。外用治乳腺炎，癤，癰，毒蛇咬傷。

桂　花 *Osmanthus fragrans* Lour.

多為栽培。

木犀科木犀屬常綠灌木，高約 3 米。樹皮灰色。

對生，革質，橢圓形，全緣，或近葉尖的葉緣疏生細鋸齒。

花序簇生於葉腋，白色至淡黃色，極香。花期秋季。

核果橢圓形，熟時紫黑色。

採　　集　藥用花、果實及根。秋季採花，冬季採果，四季採根。

性味功能　花：味辛，性溫。散寒破結，化痰止咳。果：性溫，健胃。

主　　治　花：牙痛，咳喘痰多，經閉。果：虛寒胃痛。根：風濕。

大麗花 *Dahlia pinnata* Cav.

多栽培於庭園。

菊科大麗花屬多年生草本。

塊根棒狀且巨大。

直立，粗壯，多分枝。

互生，1 － 3回羽狀全裂，葉背面灰綠色。

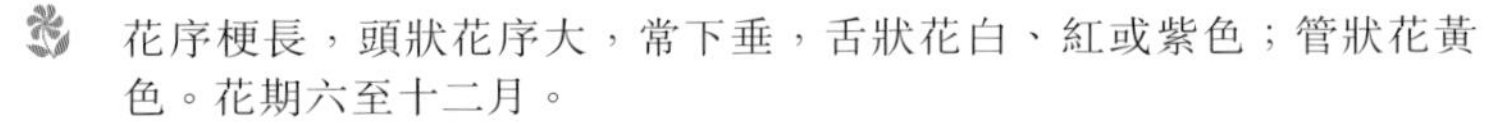

花序梗長，頭狀花序大，常下垂，舌狀花白、紅或紫色；管狀花黃色。花期六至十二月。

瘦果長圓形，黑色。

採　　集　藥用塊根。夏秋採。

性味功能　味甘，性平。消炎。

主　　治　瘡瘍腫毒，跌打腫痛。

一枝黃花 Solidago decurrens Lour.

生於山坡、路旁草叢中。

菊科一枝黃花屬多年生草本。

直立，近單生，帶淡紫色。

互生，卵狀披針形，長 4 － 7 厘米，基部下延，上部葉較小。

頭狀花序黃色，頂生。冠毛無數。花期十月。

瘦果小。

採　　集　藥用全草，秋季採集。

性味功能　味辛苦，性微寒，有小毒。疏風清熱，消腫解毒。

主　　治　上呼吸道感染，扁桃體炎，咽喉腫痛，支氣管炎，肺炎，急、慢性腎炎。外用治跌打損傷，瘡瘍腫毒，手、足癬。

筋骨草 Ajuga nipponensis Makino

生於山邊、路旁陰濕地方。

唇形科筋骨草屬一年生草本。

基部匍匐，全株被白色柔毛。

對生，葉片匙形，先端鈍至圓形，基部下延，邊緣有波狀粗齒，葉背及葉邊常帶紫色。

頂生，密集，花冠淡紅紫色，2 唇形。花期三至四月。

堅果小。

採　　集　藥用全草，春、夏季採收。

性味功能　味苦，性寒。清熱解毒，祛痰止咳，涼血消腫。

主　　治　上呼吸道感染，扁桃體炎，支氣管炎，肺炎，胃腸炎，肝炎，乳腺炎。外用治跌打損傷，瘡瘍，燒、燙傷。

革命菜 Erechtites hieracifolia (L.) Raf. ex DC.

生於路邊荒地潮濕處。

菊科菊芹屬一年生直立草本。

互生，長圓狀倒卵形，提琴狀分裂或呈不規則深缺刻，葉緣有不規則鋸齒，葉基漸狹。

數個頭狀花序頂生或腋生，花冠朱砂紅色。花期夏秋。

瘦果圓柱狀，紫紅色，冠毛白。

採　　集　藥用全草。夏、秋採集。

性味功能　味微澀，性平。清熱解毒。

主　　治　感冒發熱，腸炎，消化不良，細菌性痢疾。外用治跌打損傷，瘡癤，乳腺炎。

山茶花 Camellia japonica L.

多栽培於庭園中。

山茶科山茶屬灌木。

互生，有短柄，倒卵形或橢圓形，基部楔形，邊緣有細齒。

花頂生或腋生，紅、淡紅或白色，花瓣 5 － 6 枚，或為重瓣。花期四至五月。

蒴果近球形，直徑約 3 厘米。

採　　集　藥用花。花含苞待放時採摘。

性味功能　味辛、苦，性寒。收斂，涼血，止血。

主　　治　吐血，衄血，痔血，子宮出血。外用治外傷出血，燒燙傷，乳頭開裂，癰瘡腫毒。

草藥記事簿

遊覽日期：　　　　天氣：　　　　往返時間：

	一路上您找到甚麼草藥呢？在這裡打個 ✓！	哪種草藥正在開花？ 在這裡畫顆 ∗ 吧！	哪種草藥在結果子？在這裡畫個○吧！
茶 搜尋目標			
野木瓜			
天南星			
條葉薊			
桂花			
大麗花			
一枝黃花			
筋骨草			
革命菜			
山茶花			

哪種草藥的花最漂亮？ 哪種的果最特別？試在下面的空位畫出來。

路徑 9

石壁至大澳

Shek Pik ⇨ Tai O

位置	大嶼山西部
交通	1. 在東涌市中心乘 23 號巴士，在石壁水塘下車 2. 在中環港外線碼頭乘船到梅窩，再轉乘 1 或 2 號巴士在石壁水塘下車
全長	16 公里
步行時間	6 小時
難度	中
適合遠足時間	全年
注意事項	因路程較長，遊人需帶備充夠糧水
注意景點	分流東灣、炮台、分流村、煎魚灣、二澳、大澳

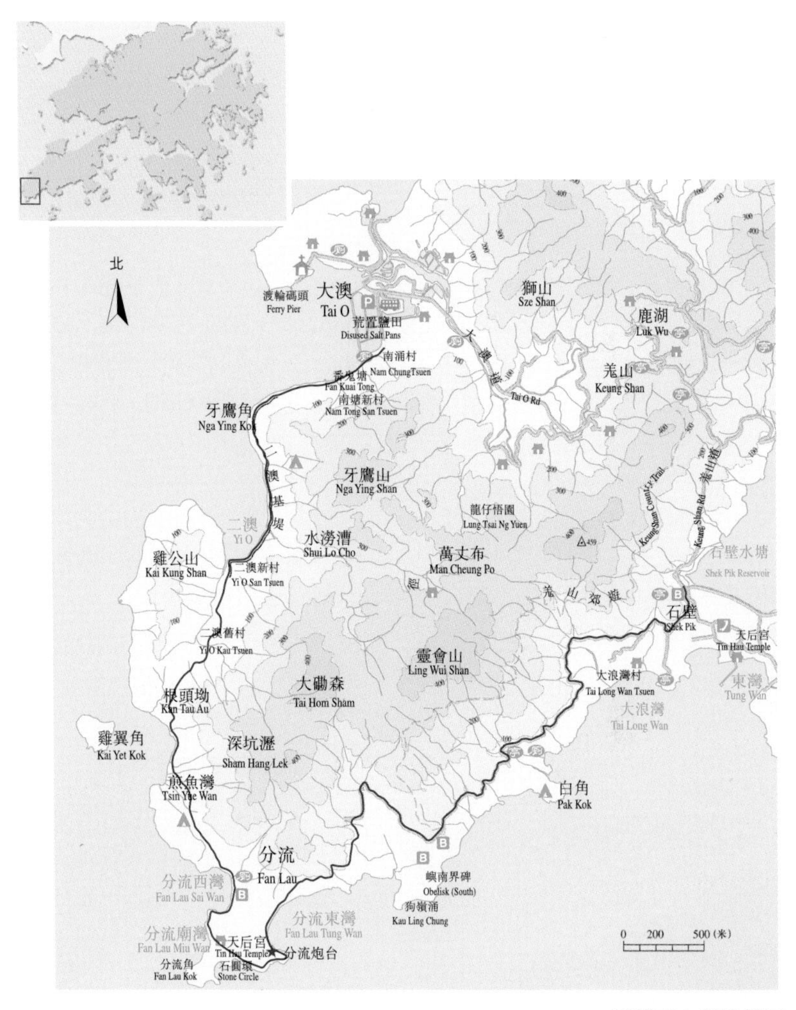
北
渡輪碼頭
Ferry Pier
大澳
Tai O
荒置鹽田
Disused Salt Pans
南涌村
Nam ChungTsuen
番鬼塘
Fan Kuai Tong
南塘新村
Nam Tong San Tsuen
牙鷹角
Nga Ying Kok
二澳基堤
牙鷹山
Nga Ying Shan
二澳
Yi O
水澇漕
Shui Lo Cho
雞公山
Kai Kung Shan
二澳新村
Yi O San Tsuen
二澳舊村
Yi O Kau Tsuen
根頭坳
Kan Tau Au
雞翼角
Kai Yet Kok
煎魚灣
Tsin Yue Wan
大磡森
Tai Hom Sham
深坑瀝
Sham Hang Lek
分流
Fan Lau
分流西灣
Fan Lau Sai Wan
分流廟灣
Fan Lau Miu Wan
天后宮
Tin Hau Temple
分流炮台
石圓環
Stone Circle
分流角
Fan Lau Kok
分流東灣
Fan Lau Tung Wan
嶼南界碑
Obelisk (South)
狗嶺涌
Kau Ling Chung
白角
Pak Kok
靈會山
Ling Wui Shan
萬丈布
Man Cheung Po
龍仔悟園
Lung Tsai Ng Yuen
獅山
Sze Shan
鹿湖
Luk Wu
羌山
Keung Shan
大澳道
Tai O Rd
羌山郊遊徑
Keung Shan Country Trail
羌山道
Keung Shan Rd
石壁水塘
Shek Pik Reservoir
石壁
Shek Pik
天后宮
Tin Hau Temple
東灣
Tung Wan
大浪灣村
Tai Long Wan Tsuen
大浪灣
Tai Long Wan
0 200 500 (米)

石壁至大澳路線圖

從石壁往大澳的路程雖然頗長，但道路並不難行，一路上遊人可欣賞到茫茫的大海，往來的點點船影，以及生在海灘和山坡多姿的草藥，分流美景和炮台古蹟也值得仔細欣賞。

臨海美景

從梅窩或東涌乘車，經過石壁水塘水壩下車後，前面有寫着"大嶼山郊野公園"的牌子，遊人應按路牌指示向大澳方向前行。這段路是引水道旁平緩易走的水泥路，間有樹蔭，右邊盡是綿綿翠綠的山坡，左邊在樹木掩映之間的是蔚藍恬靜的海灣，微鹹海風時而輕送。城市人置身其中，盡可拋卻煩囂，讓眼睛和腦袋充分地休息一下。一路上遊人可留意路邊生長着布渣葉等常見草藥。

從石壁漫步約三小時便遇一分岔路口，遊人應注意按路牌指示，向"分流古堡"的方向前行，不久就來到分流東灣。東灣山坡上有山火燒過的痕跡，但有些草藥如七爪龍，因根深蒂固，山火只燒焦它地上的藤莖，根部仍然無損，春天又再生長。在這一帶山坡上生長着很多菊科植物，如風毛菊、毛大丁草，以及耐旱的蘭香草、土丁桂等草藥。

分流東灣

分流美景

分流石筍

雖然分流東灣山坡慘被山火蹂躪，但那迷人的沙灘卻必定叫遊人心情轉好。那裡水清沙幼，踏足沙灘上，彷彿踩在軟綿綿的白雪上，別有一番情趣。遊人不妨在這裡稍作停留，欣賞碧海藍天，感受颯颯海風，細聽海浪湧上沙灘的沙沙絮語。在這一帶生長着典型的海灘植物，如仙人掌、馬鞍藤和露兜簕等。

休息過後，遊人再漫步到海灘盡處，沿小路攀過岬角，就看見一塊奇異的山石像竹筍一樣破土而出，稱為“石筍”。遊人別忘了在山岡上眺望分流美景。這裡是珠江和太平洋鹹淡水交匯水域，蔚藍的海水與泥黃的江水匯合在一起，形成聞名的金線分流奇觀。經過石筍再往前走幾分鐘，便看見分流炮台了。

分流炮台

炮台始建於明朝，曾用來防禦海盜，現時已列為香港法定古蹟。它的圍牆高度和厚度由1－4公尺不等，是用當地盛產的花崗岩及青磚砌成，相當堅固。遊人可沿石徑進入炮台東入口，登臨炮台圍牆憑弔遺址，並稍休一下。

看過炮台，遊人可沿着砲台旁邊的小路下山，經過海灘邊的天后宮和分流村，再沿海灘邊前行，循垃圾焚化爐旁邊的路上山，便到了煎魚灣營地。遊人行至煎魚灣時，約下午三時左右，猛烈的西斜太陽照射下，像被下鍋急煎一樣汗流浹背。遊人過了煎魚灣繼續往前走約兩小時，經過二澳和牙鷹角便可抵達大澳了。

布渣葉

Microcos paniculata Linn.

這路段 10 種草藥中，以布渣葉較為人熟悉，特設定為重點搜尋目標。它是廿四味涼茶的成分之一。日常所見的都是經加工後的藥材(小圖)，原來它的原貌就是這樣的(大圖)。您能找到它嗎？

生於山坡、林邊及灌木叢中。

椴樹科灌木或小喬木，樹皮灰黑色。

紙質，互生，卵狀長圓形，長 8 — 20 厘米，邊緣有不明顯小齒，基出脈 3 條，托葉鑽形。

淡黃色，圓錐花序頂生，花梗和萼片外面密被星狀柔毛。花期夏秋。

核果倒卵球形，長約 1 厘米。

採　　集 藥用葉，夏、秋採摘。

性味功能 味淡微酸，性平。清暑，消食，化痰。

主　　治 感冒，中暑，食滯，消化不良，腹瀉，黃疸型肝炎。

生長環境　形態　根　莖　葉　花　果

布渣葉

布渣葉（藥材）

石壁至大澳這段路，在臨海山坡和沙灘，
有不少菊科植物生長，例如廣東土牛膝、風毛菊、
毛大丁草和琴葉紫菀等。其中廣東土牛膝的根是治咽喉痛的要藥。
風毛菊原來與著名的天山雪蓮同一個屬。還有名字有趣的猴耳環，
彎彎的果子可掛在耳朵做耳環，大概是猴子拿來玩而得名的吧！

這條路徑還有別的草藥，您試試能找到多少？

無根藤 Cassytha filiformis L.

- 生於灌木叢中，常以盤狀吸根攀附於其他植物上。
- 樟科無根藤屬寄生纏繞草質藤本，吸取寄主營養生長。
- 線狀，綠色，無毛或稍有毛。
- 退化為微小鱗片。
- 極小，白色，組成長 2 － 5 厘米的穗狀花序。花期六月。
- 球形，綠色，直徑約 7 毫米。

採　　集　藥用全草，夏秋採集。

性味功能　味甘微苦，性涼，有小毒。清熱利濕，涼血止血。

主　　治　感冒發熱，瘧疾，腎炎水腫，尿路感染、結石，急性黃疸型肝炎，咯血，衄血，尿血。外用治濕疹，多發性癤腫。

琴葉紫菀 Aster panduratus Nees ex Walper

生於山坡、路邊草地上。

菊科紫菀屬多年生直立草本。

上部分枝，被長粗毛及腺點。

互生，兩面被毛，下部葉匙狀長圓形，中部葉較小，葉基半抱莖，上部葉小，基部抱莖。

頭狀花序頂生，單生或排成傘房狀，舌狀花淡藍紫色，管狀花黃色。花期六至八月。

瘦果被柔毛。

採　　集　藥用全草，全年可採。

性味功能　味苦、辛，性溫。溫中散寒，止咳，止痛。

主　　治　肺寒喘咳，慢性胃痛，胃潰瘍，消化不良，泄瀉。

廣東土牛膝 Eupatorium chinense Linn.

喜生於山坡、路旁濕潤地上。

菊科多年生草本或半灌木。

鬚根，量多，條狀圓柱形。

有褐紅色斑和細縱條紋。

對生，卵狀披針形，長 3.5 － 10 厘米，邊緣有圓鋸齒，葉背被柔毛及腺點，基部圓或截形。

白色，排列呈傘房花序。

瘦果有腺點。

採　　集　藥用根，春、秋兩季採挖。

性味功能　味微苦，性涼。清熱解毒，利咽化痰。

主　　治　白喉，扁桃體炎，咽喉炎，感冒發熱，麻疹，肺炎，支氣管炎，風濕性關節炎，瘡癤腫毒，毒蛇咬傷。

蛇婆子 Waltheria americana L.

生於海邊向陽山坡路旁。

梧桐科蛇婆子屬半灌木。

密被短柔毛。

互生，狹卵形，葉尖鈍圓，葉基淺心形或圓形，葉兩面被毛，葉緣有不整齊的淺牙齒。

聚傘花序腋生，頭狀，花瓣5片，淡黃色。花期八月。

結蒴果。種子 1 枚。

採　　集　藥用全草，全年可採。

性味功能　味辛、微甘，性平。清熱解毒，利濕。

主　　治　多發性膿腫，瘡癧，風濕關節痛，白帶，乳腺炎，跌打損傷。

風毛菊 Saussurea japonica (Thunb.) DC.

生於山坡、丘陵草叢中。

菊科風毛菊屬二年生草本。

紡錘狀。

直立，粗壯，被短毛及腺點。

基生葉有長柄，矩圓形，羽狀分裂，葉兩面有毛和腺點。

頭狀花序多數，傘房狀，小花紫色。花期八至十一月。

瘦果的冠毛淡褐色，外層糙毛狀，內層羽毛狀。

採　　集　藥用全草。夏秋採收。

性味功能　味苦、辛，性寒。祛風濕，清熱，活血。

主　　治　風濕性關節炎，腰腿痛，跌打損傷，肺熱咳嗽。

毛大丁草 Piloselloides hirsuta (Forsk) C. Jeffery

生於疏林下、山地草叢中。

菊科扶郎花屬草本。

基生，倒卵形，長 5 － 10 厘米，頂端圓，葉背有灰白綿毛。

單一總花梗，上生白色盤狀花序，外層為舌狀花，中央為筒狀花。花期四至六月。

瘦果細小，稍扁，密生冠毛。

採　　集　藥用全草，夏秋採收。

性味功能　味微苦，性平。清熱解毒，止咳化痰，利尿，活血。

主　　治　傷風咳嗽，咽喉炎，扁桃體炎，胃、十二指腸潰瘍，胃腸炎，腎炎，水腫。外用治跌打損傷，瘡癤，滴蟲性陰道炎。

土丁桂 Evolvulus alsinoides L.

生於乾旱山坡上。

旋花科土丁桂屬一年生纖細草本，全株被毛。

多分枝，莖直立或斜升。

互生，卵形或橢圓形，全緣。

腋生，單生或 2 － 3 朵叢生，總花梗比葉長，花冠漏斗狀，淡藍或白色。花期五至九月。

蒴果近球形，4 瓣開裂。

採　　集　藥用全草，秋季採集。

性味功能　味苦、澀，性平。止咳平喘，清熱利濕。

主　　治　支氣管哮喘，咳嗽，胃痛，消化不良，腸炎，痢疾，泌尿系感染，白帶，跌打損傷，腰腿痛。外用治瘡癤。

蘭香草 Caryopteris incana Miq.

- 生於較乾旱的山坡、路旁。
- 馬鞭草科蕕屬多年生草本。
- 枝條圓柱形，密生絨毛。
- 對生，卵形，邊緣有粗鋸齒，兩面被毛，下面有腺點，揉碎葉有香氣。
- 密生於葉腋，小花淡藍色，花冠5裂。花期夏秋。
- 果有毛。

採　　集　藥用全草，全年可採。

性味功能　味辛，性溫。疏風解表，祛痰止咳，散瘀止痛。

主　　治　感冒發熱，慢性氣管炎，百日咳，風濕關節痛，跌打腫痛，腸胃炎。外用治癤腫，皮膚搔癢，外傷出血。

猴耳環 Archidendron clypearia (Jack) Nielsen

- 生於山野叢林中。
- 豆科猴耳環屬喬木。
- 幼莖有4－6條縱走稜角。
- 二回羽狀複葉，總葉柄有稜，小葉斜矩形，葉基偏斜截形。
- 淡黃色，圓錐狀的頭狀花序，花冠筒狀，具柔毛。花期晚春至初夏。
- 莢果波浪狀長條而旋捲成環，種子8－9個，橢圓形，黑色。

採　　集　藥用葉、果實及種子。夏秋採集。

性味功能　味微苦、微澀，性涼。清熱解毒，涼血消腫。

主　　治　用於燒、燙傷，瘡癰癤腫。

草藥記事簿

遊覽日期：　　　　天氣：　　　　往返時間：

	一路上您找到甚麼草藥呢？在這裡打個 ✓！	哪種草藥正在開花？ 在這裡畫顆 ∗ 吧！	哪種草藥在結果子？在這裡畫個 ○ 吧！
布渣葉（搜尋目標）			
無根藤			
琴葉紫菀			
廣東土牛膝			
蛇婆子			
風毛菊			
毛大丁草			
土丁桂			
蘭香草			
猴耳環			

哪種草藥的花最漂亮？ 哪種的果最特別？試在下面的空位畫出來。

路徑 10

大澳至水澇漕

Tai O ⇨ Shui Lo Cho

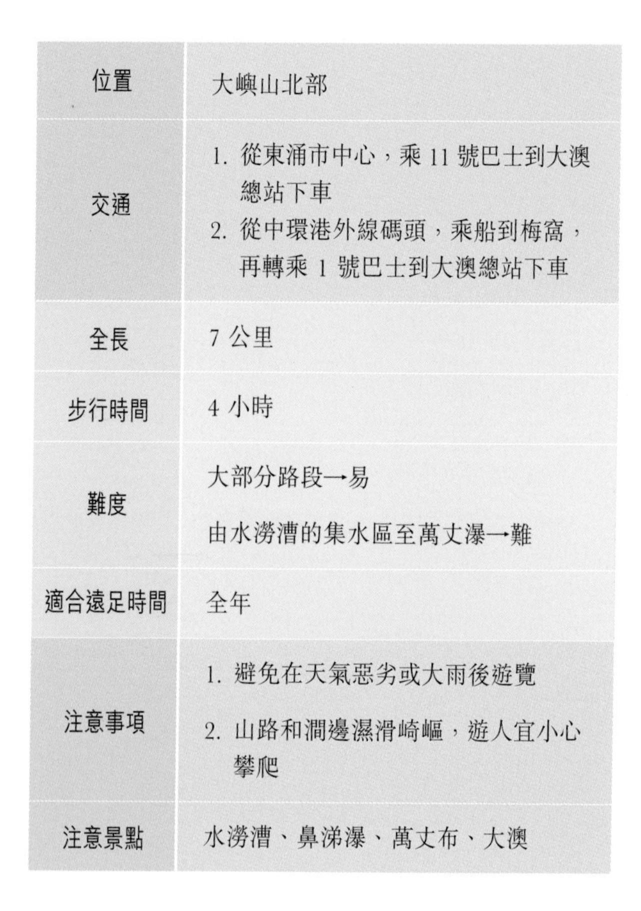

位置	大嶼山北部
交通	1. 從東涌市中心，乘 11 號巴士到大澳總站下車 2. 從中環港外線碼頭，乘船到梅窩，再轉乘 1 號巴士到大澳總站下車
全長	7 公里
步行時間	4 小時
難度	大部分路段—易 由水澇漕的集水區至萬丈瀑—難
適合遠足時間	全年
注意事項	1. 避免在天氣惡劣或大雨後遊覽 2. 山路和澗邊濕滑崎嶇，遊人宜小心攀爬
注意景點	水澇漕、鼻涕瀑、萬丈布、大澳

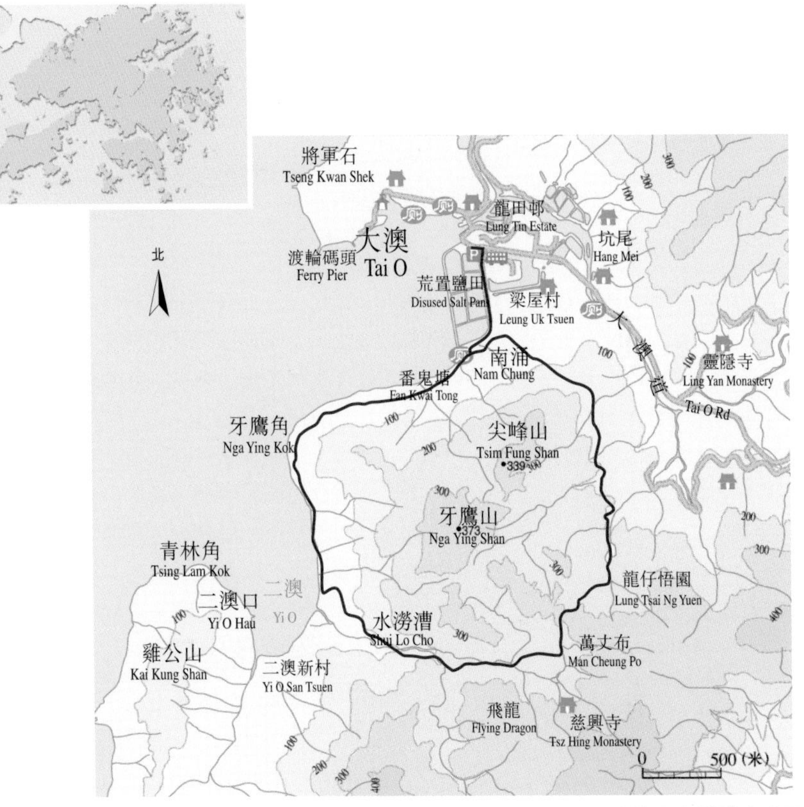
將軍石
Tseng Kwan Shek
龍田邨
Lung Tin Estate
大澳
Tai O
坑尾
Hang Mei
北
渡輪碼頭
Ferry Pier
荒置鹽田
Disused Salt Pans
梁屋村
Leung Uk Tsuen
大澳道
Tai O Rd
南涌
Nam Chung
番鬼塘
Fan Kwai Tong
靈隱寺
Ling Yan Monastery
牙鷹角
Nga Ying Kok
尖峰山
Tsim Fung Shan
339
牙鷹山
373
Nga Ying Shan
青林角
Tsing Lam Kok
二澳
Yi O
二澳口
Yi O Hau
龍仔悟園
Lung Tsai Ng Yuen
水澇漕
Shui Lo Cho
雞公山
Kai Kung Shan
萬丈布
Man Cheung Po
二澳新村
Yi O San Tsuen
飛龍
Flying Dragon
慈興寺
Tsz Hing Monastery
0
500（米）

大澳至水澇漕路線圖

大澳是香港著名的漁村，那裡築在水上的木屋別具一格，令人難忘。而離大澳巴士站不遠處的“水澇漕”山澗，風景優美，水聲澎湃，是城市人滌淨煩憂的絕佳去處。

蒹葭蒼蒼

在大澳下車後，向右邊（南方）走，走進寬闊的大澳道，路的右邊是荒置鹽田，左邊是一片沼澤，生長着一大片蘆葦。早在先秦時的《詩經》就曾記載過蘆葦，古稱蒹葭。這裡的蘆葦長得密密麻麻，隨風招展，彷彿一張厚而柔軟的綠絨布，十分好看。過了沼澤和小遊樂場後，便見一分岔路，旁邊有地圖和多個路牌，遊人宜按指示向“萬丈布——牙鷹角”的方向前進，經過南涌村和番鬼塘後，一路沿着海灘邊的鳳凰徑走，約二十分鐘便到達牙鷹角。這裡有一分岔路，一條登山往萬丈布，一條往水澇漕。遊人應往前向水澇漕方向走，經過牙鷹角營地便看見一個小碼頭，由此再前行約 50 米便見一條石台階，遊人應沿着石台階上山往水澇漕。如果不上台階而繼續往前走，就會經過水澇漕流向大海的寬闊山澗和小廟，這就表示已經走過了頭，應折回沿石台階上山，否則就會去了二澳和分流。

水澇漕

沿着林蔭的台階上山，約走三十分鐘就看到一間小屋，遊人可在這裡小休。從這裡縱目遠望，可以欣賞到蔚藍的二澳海灣和左方的雞公山，風景優美。休息過後，再慢行約四十五分鐘便到達水澇漕山澗一帶。由大澳至此需時約兩小時三十分鐘。

在山澗旁有一小壩蓄水，小壩

水澇漕

下面是絕壁，山水飛流而下。遊人應沿着水池左側有鐵欄杆的台階往上走，穿過一段山路，便到達美麗的水澇漕山澗。

單聽水澇漕這個名字，就可想像溪水聲是多麼大的了。這裡匯聚了海拔 490 米高靈會山的山水，雨季時流水更盛，洶湧奔騰而下，濺起萬點水花，沖擊着澗底壺穴，發出轟隆巨響，聲震四方。遊人可在澗邊小休及午膳，並拍照留念。

鼻涕瀑

在水澇漕休憩後，遊人可沿原路折返大澳。但體力充沛，身手敏捷，膽大心細者，可繼續沿着山澗右邊的山徑攀援而上，但切記不可從山澗的左邊往上爬，因為那裡陡峭濕滑，無樹可扶，十分危險！往上越過小樹林，便到達另一山澗，流水從兩條山澗流下，人們諢稱"鼻涕瀑"，風景優美。

遠望飛龍

欣賞過山澗美景，遊人可沿着鼻涕瀑右側山邊灌木林繼續往上爬。由於這段路比之前的更加陡峭，遊人需小心謹慎地抓緊小樹或岩石往上爬，不應左顧右盼。約走二十分鐘，便到達萬丈布前的平緩山頂。從這裡向前望，右邊有隱現在山谷裡的慈興寺和飛龍雕像。山頂上有一個分岔路口，遊人應沿左邊的小路向龍仔和大澳方向下山，走約十分鐘，途經萬丈布營地返回大澳。由水澇漕蓄水壩經鼻涕瀑上山頂，再慢行下山，共約四小時。

蘆根
Phragmites australis (Cav.) Steud.

這路段 10 種草藥中，以蘆根較為人熟悉，特設定為重點搜尋目標。它是治感冒、發熱、咳嗽和偏頭痛的要藥。日常所見的都是經加工後的藥材(小圖)，原來它的原貌就是這樣的(大圖)。您能找到它嗎？

生於河岸或沼澤中。

禾本科蘆葦屬多年生草本。由根狀莖向四周延生，長成極大片的蘆葦群落。

根狀莖粗壯。

稈高 1 － 3 米。

圓錐花序頂生，長 10 － 40 厘米，分枝斜向上生長或微向外伸展，小穗常有 4 － 7 朵小花。花期九至十月。

採　　集 藥用根狀莖。夏秋採挖。

性味功能 味甘，性寒。清熱解毒，生津，利尿。

主　　治 感冒、流感高熱，胃熱嘔吐，氣管炎，肺炎，肺膿瘍，鼻出血，牙齦出血，尿道感染，酒、魚蟹、河豚中毒。

生長環境　形態　根　莖　葉　花　果

蘆根

蘆根（藥材）

大澳至水澇漕的路徑，在近海的村邊路段

有不少村民栽種的植物，例如潺菜、通菜和夜香花，

都可供食用。在水澇漕一帶，多生長着澗邊林緣的草藥，

如楝葉吳茱萸，它果熟時爆裂。還有值得一看的土沉香，

它樹幹分泌的樹脂便是中藥沉香，是本地的原生種，

據云香港之得名，與此藥有關。

這條路徑還有別的草藥，您試試能找到多少？

夜香花 *Telosma cordata* (Burm. f.) Merr.

栽培於花圃或公園。

蘿藦科夜來香屬藤狀灌木。

對生，寬卵形，基部心形。

總花梗生於葉腋，上生有多朵花的花序，花小，黃綠色，氣味清香。花期五至八月。

蓇葖果披針形，長 7.5 厘米，種子小，頂端有白絹質種毛。

採　　集　藥用葉、花、果。全年採葉，花期採花，果期採果。

性味功能　味甘、淡，性平。清肝，明目，去翳，拔毒，生肌。

主　　治　急、慢性結合膜炎，角膜炎，角膜翳，麻疹引起的結膜炎。鮮葉外用治已潰瘡癤膿腫，腳臁外傷糜爛。

潺　菜 Basella alba L.

多為栽培。

落葵科落葵屬一年生肉質纏繞性草本，植株光滑無毛。

長 3 － 4 米，綠色或淡紫色。

互生，寬卵形，長 3 － 12 厘米，葉基近心形，全緣。

穗狀花序長 5 － 20 厘米，淡紫紅色，下部白色。花期夏秋。

多液汁，暗紫色。

採　　集　藥用全株，夏秋採集。

性味功能　味甘、淡，性涼。清熱解毒，滑腸。

主　　治　闌尾炎，痢疾，大便秘結，便血，膀胱炎，小便短澀，關節腫痛，皮膚濕疹。外用治跌打損傷，燒、燙傷，瘡腫。

楝葉吳茱萸 Tetradium glabrifolium (Champ. ex Benth.) T. Hartley

生於樹林中、山澗邊。

芸香科吳茱萸屬喬木。

對生，奇數羽狀複葉，小葉 5 － 11 片，紙質，卵狀矩圓形，葉基不對稱，葉緣淺波狀。

聚傘狀圓錐花序頂生，雌雄異株，花極細小，白色。花期八至九月。

蓇葖果紫紅色，有皺紋。

採　　集　藥用果實及根、葉。果實十一月採，根、葉全年可採。

性味功能　果實：味辛、苦，性溫。有小毒。健胃，止痛。根、葉：味辛、微甘澀，性涼。有小毒。

主　　治　果實：治胃寒痛，嘔吐，頭痛。根、葉：治肺結核。

欒樨 *Pluchea indica* (L.) Less.

生於海邊潮水到達之處。

菊科闊苞菊屬小灌木。

互生，倒卵形，基部長楔形，葉有少數小尖齒。

花淡紫色，小盤狀花房內有多數細小的管狀花，頂生成傘房狀。花期五至六月。

瘦果有冠毛。

採　　集　藥用全株，夏秋採收。

性味功能　全草有特異氣味。葉：健胃，消積。

主　　治　小兒消化不良，板瘧，風濕骨痛，腰痛。

通菜 *Ipomoea aquatica* Forsk.

多為栽種。

旋花科甘薯屬植物。

中空，故又名空心菜。

互生，長三角形，長 6 － 15 厘米，邊全緣或波狀，基部心形或戟形，有長柄。

長花梗從葉腋間抽出，白色或紫色，漏斗狀。花期夏季。

蒴果卵球形。

採　　集　藥用全草或根。夏秋採收。

性味功能　味甘、淡，性涼。清熱解毒，利尿，止血。

主　　治　食物中毒，鈎吻、砒霜、野菇、狗肉中毒，小便不利，尿血，鼻衄，咳血，痔血。外用治癰瘡腫毒。

假鷹爪 Desmos chinensis Lour.

生於山坡、路邊灌木叢中。

番荔枝科假鷹爪屬攀援灌木。

有灰白色凸起的皮孔。

互生，近橢圓形，長 4 － 13 厘米，薄革質，背面粉綠色。

花冠直徑 3 － 6 厘米，黃白色，下垂，花瓣 6。花期六月。

小，長圓形，排成串珠狀。

採　　集　藥用根、葉。全年可採。

性味功能　味辛，性微温。有小毒。健脾理氣，祛瘀止痛。

主　　治　胃痛，消化不良，腹脹腹瀉，產後腹痛，流血不止，痛經，風濕關節痛，腎炎水腫。外用治跌打損傷。

玉葉金花 Mussaenda pubescens Ait. f.

生於山坡、林邊灌木叢中。

茜草科玉葉金花屬攀援灌木。

紙質，卵狀披針形，對生，葉背被短柔毛，小托葉三角形。

黃色，有 5 花瓣，花萼 5 裂，有一裂片變異，擴大成葉狀，白色。夏季開花。

肉質，橢圓形。

採　　集　藥用藤葉，全年可採。

性味功能　味甘、淡，性涼。清熱解暑，涼血解毒。

主　　治　流感，感冒，中暑，支氣管炎，扁桃體炎，咽喉炎，腎炎水腫，腸炎，腹瀉，子宮出血，瘡瘍腫毒。

七爪龍 *Ipomoea digitata* L.

多為栽培，或逸生於山坡。

旋花科甘薯屬大型纏繞藤本。

塊根富含澱粉。

圓柱形。

互生，掌狀深裂，小裂片 5 － 7 枚，狀如七爪。

漏斗狀腋生，淡紫紅色，長約 5 厘米。花期七至十二月。

蒴果卵球形，4 瓣裂。種子黑褐色，基部被毛，但易脫落。

採　集　藥用根、葉。全年可採。

性味功能　味苦，性寒。有毒。清熱解毒，利尿消腫。

主　治　水腫腹脹，便秘。孕婦、體弱者忌服。外治乳腺炎、癰瘡。

土沉香 *Aquilaria sinensis* (Lour.) Gilg.

山地常綠林中。

瑞香科細小常綠喬木，高達 4.5 米，小枝及花序被柔毛。

互生，革質，有光澤，卵形，長 5 － 11 厘米。

細小，黃綠色，芳香，聚成傘形花序頂生或腋生，花瓣 10。

蒴果，壓扁卵形，長約 2.5 厘米，被灰黃色短柔毛。

採　集　藥用樹脂，四季可採。

性味功能　味辛苦，性微溫。降氣，調中，暖胃，止痛。

主　治　胸腹脹痛，嘔吐呃逆，氣逆喘促。

草藥記事簿

遊覽日期：　　　　天氣：　　　　往返時間：

	一路上您找到甚麼草藥呢？在這裡打個✓！	哪種草藥正在開花？ 在這裡畫顆✻吧！	哪種草藥在結果子？在這裡畫個○吧！
蘆根 搜尋目標			
夜香花			
蔊菜			
楝葉吳茱萸			
欒樨			
通菜			
假鷹爪			
玉葉金花			
七爪龍			
土沉香			

哪種草藥的花最漂亮？ 哪種的果最特別？試在下面的空位畫出來。

中草藥攝影秘訣

中草藥攝影屬於自然攝影範疇，與一般攝影的方法不盡相同。本文根據個人經驗，從照相機、膠卷、光圈、背景和中草藥特點等幾方面加以介紹，歡迎指正。

攝影技巧經驗談

工欲善其事，必先利其器，一部合用的照相機是必須的工具。可用一般 135 手動相機，配備一個"微距"定焦鏡頭。微距鏡頭一般距離可選在 0.4m 左右，如要拍攝一些細小的草藥，可將焦距調至 0.25m。如能配備遠攝鏡頭則更佳，方便拍攝距離較遠的草藥，如高樹梢上的木棉花。不宜用全自動照相機，因它往往不聽指揮，你要拍花，它就拍了葉。

一個小型閃光燈亦不可缺少。雖然用閃光燈拍攝出來的照片比較平板，缺立體感，但是草藥拍攝需要全天候進行，且屬於科學範圍，因此只要主體清晰便可。此外，最好配備一枝單腳腳架，可供輔助之用，有需要時亦可作拐杖扶持。

至於用哪種膠卷，則視乎需要而定。如果用於印刷出版，用幻燈片為佳，但其感光寬容度較少，要加減光圈多拍幾張供選擇。以往拍攝《香港中草藥》(1－8 輯) 的照片時，多用 64 度 Kodachrome 幻燈片，它的特點是色彩飽滿，但現在市面已較難買到這種膠卷，可改用 100 度幻燈片，質素仍可接受。如果用於沖印照片，則普通 100 度至 200 度負片就已經足夠。

光圈方面，拍攝草藥一般可用 5.6－11 光圈，如果光圈再大，則嫌景深不夠。如前所說，突出草藥主體是最重要的，因此在拍攝前應清除草藥附近的雜草。如果草藥生於山澗水邊，最好能隱隱約約地拍到其生態環境。有時在家裡拍攝栽培的草藥，也可用一塊黑布作背景，以突出主體。

太陽光當然是拍攝草藥的最佳光線，但一塊摺疊的反光板亦不可少。只要碰到開花結果的草藥，不論甚麼光源都要拍攝。如果條件許可的話，採用 45°左前上方或右前上方光源，在相對的地方反光作補光，則效果更佳。

拍攝中草藥的竅門

拍攝中草藥最重要的是先了解該草藥，才能清楚地表現它的形態特徵，用局部的花果去表現全體。例如拍攝木棉花，拍幾朵花及葉，已有代表性，如果拍全棵大樹，則只可見其外形，不見其重點。又例如拍攝白花蛇舌草與水線草，兩者形態近似，但白花蛇舌草只有一朵花生於葉腋，而水線草則有幾朵花，集成傘形花序，那麼就要拍攝這個作為識別用的特徵部分了。其次，應拍攝其藥用部分，例如梔子，藥用以果實為主，如果碰巧梔子花期尾聲，又看到果實，則只需拍攝果實。

最後一點是要四季不停，不論寒暑風雨，都要往郊野山頭"獵影"，因為草藥開花季節稍縱即逝，而且實地拍攝，可以在群生植物中，選擇最典型、最美麗的標本，留下珍貴的紀錄！

觀賞野生植物須知

香港地處亞熱帶，群山環抱，四面臨海，植物資源豐富。為保護大自然及野生植物，香港法例第 96 章《林區及郊區條例》規定：任何人不得損毀在政府土地上林區及植林區內的植物。一些稀有及美麗的植物，更被列入該法例的附例《林務規例》內，嚴禁管有及售賣。

受保護植物如下：

1.福氏臭椿
2.穗花杉
3.觀音座蓮
4.印度馬兜鈴
5.雀巢芒
6.各種茶花
7.桫欏科植物
8.香港四照花
9.茅膏菜
10.吊鐘
11.各種八角
12.青藤
13.香港鳳仙
14.小花鳶尾
15.油杉
16.各種紫薇
17.淡紫百合
18.木蘭科植物
19.豬籠草
20.各種蘭花
21.茜木(大沙葉)
22.桔梗
23.廣東木瓜紅
24.各種杜鵑
25.紅苞木
26.石筆木
27.青皮樹

本書的出版，是希望鼓勵讀者多參加有益身心的遠足活動，親近大自然，認識中草藥。希望大家在欣賞草藥的同時，更要愛護它們，切勿隨意採摘。

往離島航班資料

東平洲

翠華船務(香港)有限公司　電話：2272-2022 / 2272-2000

	星期六	星期日及公眾假期
馬料水 — 東平洲	09:00, 15:30	09:00
東平洲 — 馬料水	17:15	17:15

塔　門

翠華船務(香港)有限公司　電話：2272-2022 / 2272-2000

	星期一至五	星期六、日及公眾假期
馬料水 — 塔　門	08:30, 15:00	08:30, 12:30, 15:00
黃　石 — 塔　門	08:30 — 18:30 約每 2 小時一班	08:30 — 18:35 約每 1 小時一班
塔　門 — 馬料水	11:10, 17:30	11:10, 13:45, 17:30
塔　門 — 黃　石	07:45 — 18:00 約每 2 小時一班	08:00 — 18:05 約每 1 小時一班

東龍洲

珊瑚海船務　電話：2513-1103

	星期六	星期日及公眾假期
三家村 — 東龍洲	09:00, 10:00, 11:00, 15:00, 16:30	08:30, 09:50, 11:00, 13:30, 15:00, 16:30
東龍洲 — 三家村	09:40, 15:40, 17:00	09:05, 10:20, 14:00, 15:30, 17:00

東龍洲（續）

林記街渡　電話：2560-9929

	星期六	星期日及公眾假期
西灣河 → 東龍洲	09:00, 10:30, 15:00, 16:45	08:30, 09:45, 11:00 14:15, 15:30, 16:45
東龍洲 → 西灣河	09:30, 11:00, 16:00, 17:30	09:00, 10:20, 13:45 15:00, 16:00, 17:30

蒲台島

喜記蒲台街渡　電話：2554-4059（需預訂船票）

	星期二、四、六	星期日及公眾假期
香港仔 → 蒲台島	09:00, 11:30	08:00
赤　柱 → 蒲台島		10:00, 10:30
蒲台島 → 香港仔	10:30	
蒲台島 → 赤　柱	15:00, 16:00, 18:00	15:00, 16:00, 18:00

富裕小輪有限公司　電話：2994-8155

	星期五	星期六、日及公眾假期
北　角 → 蒲台島	09:15	09:15
觀　塘 → 蒲台島		09:30
蒲台島 → 北角（經觀塘）	14:00	15:30

南丫島

港九小輪有限公司　電話：2815-6063

	星期一至六	星期日及公眾假期
中　環 → 榕樹灣	06:30－00:30 約每 20－60 分鐘一班	07:30－00:30 約每 30－60 分鐘一班
索罟灣 → 中　環	06:45－22:40 約每 90－120 分鐘一班	06:45－22:40 約每 90－120 分鐘一班

坪 洲

新世界第一渡輪服務有限公司　電話：2131-8181

	星期一至六	星期日及公眾假期
中環－坪洲	03:00－00:30 約每 45 分鐘一班	03:00－00:30 約每 50 分鐘一班
坪洲－中環	03:25－23:30 約每 45 分鐘一班	03:25－23:35 約每 50 分鐘一班

長 洲

新世界第一渡輪服務有限公司　電話：2131-8181

	星期一至六	星期日及公眾假期
中環－長洲	00:30－23:45 約每 30－40 分鐘一班	00:30－23:55 約每 30 分鐘一班
長洲－中環	02:20－23:45 約每 30－45 分鐘一班	02:20－23:30 約每 30 分鐘一班

大嶼山梅窩線

新世界第一渡輪服務有限公司　電話：2131-8181

	星期一至六	星期日及公眾假期
中環－梅窩	00:30－23:50 約每 30－40 分鐘一班	00:30－23:40 約每 30－40 分鐘一班
梅窩－中環	03:40－23:30 約每 20 分鐘一班	03:40－23:30 約每 20 分鐘一班

參考網址

新大嶼山巴士有限公司 http://www.newlantaobus.com/

新世界第一渡輪服務有限公司 http://www.nwff.com.hk/

港九小輪有限公司 http://www.hkkf.com.hk/

全記渡有限公司 http://www.ferry.com.hk/

翠華船務（香港）有限公司 http://www.traway.com.hk/

商務印書館 讀者回饋咭

請詳細填寫下列各項資料，傳真至 2565 1113，以便寄上本館門市優惠券，憑券前往商務印書館本港各大門市購書，可獲折扣優惠。

所購本館出版之書籍：________________

購書地點：________________ 姓名：________________

通訊地址：________________

電話：________________傳真：________________

電郵：________________

您是否想透過電郵或傳真收到商務新書資訊？ 1□是 2□否

性別：1□男 2□女

出生年份：__________年

學歷： 1□小學或以下 2□中學 3□預科 4□大專 5□研究院

每月家庭總收入：1□HK$6,000以下 2□HK$6,000-9,999
3□HK$10,000-14,999 4□HK$15,000-24,999
5□HK$25,000-34,999 6□HK$35,000或以上

子女人數(只適用於有子女人士) 1□1-2個 2□3-4個 3□5個以上

子女年齡(可多於一個選擇) 1□12歲以下 2□12-17歲 3□18歲以上

職業： 1□僱主 2□經理級 3□專業人士 4□白領 5□藍領 6□教師 7□學生 8□主婦 9□其他

最常前往的書店：________________

每月往書店次數：1□1次或以下 2□2-4次 3□5-7次 4□8次或以上

每月購書量：1□1本或以下 2□2-4本 3□5-7本 4□8本或以上

每月購書消費： 1□HK$50以下 2□HK$50-199 3□HK$200-499 4□HK$500-999 5□HK$1,000或以上

您從哪裏得知本書：1□書店 2□報章或雜誌廣告 3□電台 4□電視 5□書評/書介 6□親友介紹 7□商務文化網站 8□其他(請註明：________________)

您對本書內容的意見：________________

____

您有否進行過網上購書？ 1□有 2□否

您有否瀏覽過商務出版網(網址：http://www.commercialpress.com.hk)？1□有 2□否

您希望本公司能加強出版的書籍：1□辭書 2□外語書籍 3□文學/語言 4□歷史文化 5□自然科學 6□社會科學 7□醫學衛生 8□財經書籍 9□管理書籍 10□兒童書籍 11□流行書 12□其他(請註明：________________)

根據個人資料「私隱」條例，讀者有權查閱及更改其個人資料。讀者如須查閱或更改其個人資料，請來函本館，信封上請註明「讀者回饋咭-更改個人資料」

請貼
郵票

香港筲箕灣
耀興道 3 號
東滙廣場 8 樓
商務印書館(香港)有限公司
顧客服務部收